LO QUE SE COMEN
**DE LA BENDICIÓN **

Carla es una referencia de fami   generacional de fe. Su trayectoria inspira a mujeres de distintas naciones a amar a Dios y a todo lo que Dios ama. Cuando ella habla acerca de las bendiciones aún mayores que ha tenido cada generación de su familia, puedo ver cuán abundante y poderosamente se derrama la gracia de Dios en quienes honran la fe como estilo de vida. Este libro abrirá su visión y ensanchará sus sueños. Lo recomiendo fuertemente a todos los que quieren vivir un destino lleno de gracia, y dejar un legado del poder de la fe.

—Tiago Brunet
Fundador de Casa de Destino
Autor de *Descubre tu propósito* y de
Descubre el mayor poder del mundo

Escuché el testimonio de Carla Hornung durante un evento donde coincidimos. Soy cristiana de primera generación, y sus palabras me llenaron de motivación en mi firme postura de que es imperativo crear en nuestras familias esa cultura de fe que trasciende generaciones. Me hago partícipe de la propuesta de Carla en este libro, de que cuando nuestros hijos escojan sus cónyuges, debemos prepararlos para elegir personas con llamados similares a los de ellos, de manera que se apoyen y se promuevan mutuamente en su llamado común, y en sus llamados individuales. Esa es la base para que luego eduquen a sus hijos en la cultura de fe que debe reinar en cada familia cristiana. ¡Carla, gracias por divulgar *El secreto de la bendición multigeneracional!*

—Omayra Font
Autora, *Mujer, valórate*
Pastora, Iglesia Fuente de Agua Viva
Puerto Rico y Orlando, Florida

Durante más de veinte años de ministerio, he atendido en múltiples ocasiones la preocupación de muchas familias acerca de que los hijos, más allá de ser salvos, permanezcan sirviendo al Señor y les dejen a sus hijos el mismo legado. *El secreto de la bendición multigeneracional* es el cofre del tesoro mejor revelado sobre este tema. Provee una guía explicada paso por paso, recomendaciones según las edades de los hijos, y toda una caja de herramientas para levantar una cultura familiar de fe que permanezca por generaciones. La autora, Carla Hornung, es el mejor testimonio: 13 generaciones de servicio ininterrumpido al Señor. ¡Excelente libro para que el lector aprenda a multiplicar las bendiciones de Dios en su familia!

—Otoniel Font
Autor, *Amistades que sanan*
Pastor, Iglesias Fuente de Agua Viva
Puerto Rico y Orlando, Florida

He tenido la dicha de conocer a cuatro generaciones de la familia de Carla: a su abuelo, a sus papás, a ella y por último, a sus hijos. Por eso me consta que tienen una cultura de fe muy especial que han heredado de una generación a otra, y que solo es posible cultivar como familia. Sin haber estado allí puedo imaginármela desde pequeña, ya sea orando antes de ir a la cama o preguntándole a sus papás el significado de algún pasaje de la Biblia.

Para establecer una cultura cristiana en nuestros hijos todo cuenta: desde enseñarles la forma correcta de orar hasta cómo bendecir a nuestros padres; desde establecer los límites que les ayudarán a actuar con prudencia hasta practicar la autodisciplina que los hará responsables. Estos y otros principios deben fomentarse desde casa.

Por eso admiro el trabajo que los papás de Carla hicieron con ella, y que ahora ella realiza con sus hijos. No hay colegios, parientes y ni siquiera maestros de escuela dominical que puedan sustituir a los padres en su valiosa labor de transmitir con su ejemplo y amor los valores que nos distinguen como hijos de Dios.

—Sonia Luna
Fundadora y Pastora
Casa de Dios
Guatemala

Conozco a la familia Strombeck hace 40 años y a la autora de este libro desde que tenía 2 años de edad. Sus abuelos, Rick y Bette, vinieron al Perú a abrir una escuela bíblica, donde mi esposa y yo empezamos a estudiar la Biblia.

Tuve la oportunidad de hospedarme en su casa en Orlando, y me causó mucha admiración la unidad y consagración de esta familia al servicio de Dios, cosa que observé que hacían los bisabuelos, sus hijos y sus nietos en las diferentes áreas del ministerio.

Esto me impactó a tal punto que en un momento pensé cómo me gustaría tener una familia así, cosa que Dios me concedió años después. He visto crecer a Carla física y espiritualmente, aplicando los principios que aprendió de sus antepasados, y he visto también cómo los ha ido aplicando en sus hijos, trasmitiendo ese deseo de consagración y servicio a Dios.

Este libro es un reflejo del cúmulo de experiencias que a través de generaciones se ha ido trasmitiendo. Recomiendo que lo leas, estudies y apliques. Ten por seguro que dejarás un legado espiritual que trascenderá tus generaciones.

—Peter Hornung
Pastor Fundador de Agua Viva

CARLA HORNUNG

EL SECRETO DE LA BENDICIÓN MULTIGENERACIONAL

UNA CULTURA FAMILIAR DE FE

A menos que se indique lo contrario, las citas de la Escritura son tomadas de la *Santa Biblia, Nueva Traducción Viviente*, © Tyndale House Foundation, 2010. Usadas con permiso de Tyndale House Publishers, Inc., 351 Executive Dr., Carol Stream, IL 60188, Estados Unidos de América. Todos los derechos reservados. Las citas de la Escritura marcadas (nvi) son tomadas de la *Santa Biblia, Nueva Versión Internacional*®, nvi®, © 1999 por la Sociedad Bíblica Internacional. Usadas con permiso. Todos los derechos reservados. Las citas de la Escritura marcadas (rvr 60) son tomadas de la versión *Santa Biblia, Reina-Valera 1960* © 1960 Sociedades Bíblicas en América Latina; © renovado 1988 Sociedades Bíblicas Unidas. Usadas con permiso. Todos los derechos reservados. Las citas de la Escritura marcadas (lbla) son tomadas de *La Biblia de Las Américas* © Copyright 1986, 1995, 1997 por The Lockman Foundation. Usadas con permiso. Todos los derechos reservados. Las citas de la Escritura marcadas (jbs) son tomadas de Jubilee Bible 2000 – Russell Martin Stendal © 2000, 2001, 2010, Life Sentence Publishing, LLC. Usadas con permiso. Todos los derechos reservados.
Los textos y los segmentos bíblicos en negritas y cursivas son énfasis de la autora.

Editado por: Ofelia Pérez

El secreto de la bendición multigeneracional
Una cultura familiar de fe

© 2019 por Carla Hornung

ISBN: 978-1-64123-253-1
eBook ISBN: 978-1-64123-254-8
Impreso en los Estados Unidos de América

Whitaker House
1030 Hunt Valley Circle
New Kensington, PA 15068
www.whitakerhouseespanol.com

Por favor, envíe sugerencias sobre este libro a: comentarios@whitakerhouse.com.

Ninguna parte de este libro puede ser reproducida o transmitida de ninguna manera o por ningún medio, electrónico o mecánico —fotocopiado, grabado, o por ningún sistema de almacenamiento y recuperación (o reproducción) de información— sin permiso por escrito de la casa editorial. Por favor, para cualquier pregunta dirigirse a: permissionseditor@whitakerhouse.com.

DEDICATORIA

A mis cuatro hijos y futuros nietos y bisnietos; espero que este libro, junto con mi ejemplo, les guíe siempre al camino correcto.

AGRADECIMIENTOS

Quiero agradecer a Dios por amarme, llamarme y usarme en su servicio a pesar de mis debilidades.

Quiero agradecer a mi esposo por ayudarme a cumplir mis sueños, ayudándome a publicar este libro.

Quiero agradecer a mis padres por esforzarse en criar hijos que aman y sirven a Dios.

Quiero agradecer a mis abuelos, Rick y Bette Strombeck, por ser un ejemplo tan inspirador de servir a Dios, e involucrar a los hijos en el ministerio.

Quiero agradecer a mi suegra, la Pastora Mirtha, por animarme a enseñar el curso acerca de la crianza de los hijos, que me ayudó a comenzar esta jornada; y a mi suegro, el pastor Peter, por animarme siempre a seguir al Espíritu Santo.

Quiero agradecer a mi equipo de pastoras y de jóvenes de la Iglesia Agua Viva, que siempre me animan a seguir el llamado de Dios sobre mi vida.

ÍNDICE

Prólogo por Sixto Porras 13

Introducción 19

   1. La importancia de la familia 25

   2. Dios es la prioridad 35

   3. Cultivar una relación con Dios 49

4. La Constitución 63

5. Enmiendas a la Constitución 77

6. Estrategias de crianza para las estaciones
   de la paternidad 93

7. Estrategias contra peligros en la adolescencia....115

8. El estándar del Espíritu Santo 129

9. Bendice a tus hijos 147

10. Ora por tus hijos siempre 161

11. Identidad familiar 175

12. Una cultura de fe 191

13. Dejar un legado 205

Acerca de la autora..224

PRÓLOGO

Cuando conocí a Carla y escuché su testimonio, me alegré más de lo que usted se pueda imaginar, porque ella y su familia representan lo que todas las familias debemos vivir. Al fin encontré una persona y un testimonio que prueban lo que he predicado tantas veces, y estoy viviendo con mi familia.

El secreto de la bendición multigeneracional le hará pensar generacionalmente y a la vez, le presenta el testimonio de una familia que lo ha vivido por trece generaciones. Estoy seguro que disfrutará la lectura, y le ayudará a impactar a su familia y a las generaciones que se levantan a partir de usted.

Vivir en una familia que piensa y actúa para bendecir a las siguientes generaciones es posible. Si usted no tuvo una familia que le transmitiera lo que le enseñaron a Carla desde niña, usted puede ser el primero, y como Abraham, escribir una gran historia.

Sueño que un día mi tataranieta escriba de mí como lo ha hecho Carla de sus padres, abuelos y bisabuelos.

Como padres fuimos llamados para legar un mejor futuro a nuestros hijos, y la única forma de hacerlo es vivir para bendecir a la siguiente generación. Nacimos para dar bien y no para lastimar, como lo indica Pedro. *"No devuelvan mal por mal ni insulto por insulto; más bien, bendigan, porque para esto fueron llamados, para heredar una bendición"* (1 Pedro: 3:9 NVI).

Carla lo testifica porque es el fruto de un estilo de vida que ha impactado generaciones: "Mi testimonio es prueba de que las promesas de Dios son verdaderas y que las bendiciones generacionales de Dios son más poderosas que las maldiciones generacionales del enemigo". Por eso la lectura de este libro debe ser una prioridad para cada padre, porque nos eleva los sueños al máximo nivel y nos invita a vivir pensando generacionalmente.

Vivimos en un mundo herido; por eso, bendecir es ir en contra de la cultura. Estamos aquí para marcar la identidad de nuestros hijos y mostrar, con palabras y el ejemplo, que Dios tiene planes maravillosos con nuestra familia. Así lo indica Carla: "Espero que nuestra historia familiar y este libro te sirvan de inspiración para ayudarte a soñar, no solo con una mejor familia en el presente, sino a orar y trabajar para alcanzar y bendecir las generaciones que vendrán después de ti".

Bendecir es hablar bien de la persona amada, es proclamar la Palabra de Dios sobre los nuestros; sus promesas, sus valores y sus principios. La bendición libera el potencial, sana las heridas, fortalece el carácter, desarrolla los dones y marca el destino. Como lo señala Carla: "Crecer en una casa llena de bendiciones generacionales como la salud, bienestar, sabiduría acumulada, un apellido que es sinónimo a integridad y longevidad, te hace valorar otras cosas...".

Muchas veces nos preguntamos por qué hablamos como lo hacemos, y nuestro Señor Jesucristo lo indica claramente en Mateo: "*El que es bueno, de la bondad que atesora en el corazón saca el bien, pero el que es malo, de su maldad saca el mal. Pero yo les digo que en el día del juicio todos tendrán que dar cuenta de toda palabra ociosa que hayan pronunciado.*

Porque por tus palabras se te absolverá, y por tus palabras se te condenará" (Mateo 12: 35-37 NVI).

La bondad o la maldad guardadas en el corazón van a dirigir nuestro hablar. Por eso le animo a leer este libro para sanar lo que aún le duele, y esto tendrá un efecto directo en la forma en que se relaciona con sus hijos.

Pronto nuestros hijos crecerán y al salir de la casa, vivirán el fruto de lo que hayamos sembrado en sus vidas. Por eso, bendecir es una orden, un privilegio, debe ser un estilo de vida, y debe pasar de generación en generación.

Al bendecir lo hacemos con palabras, con gestos, con caricias, con abrazos, con besos y con el ejemplo. Aprenderá en este libro cómo lo ha hecho la familia de Carla: de generación en generación.

Bendiga siempre, en todo lugar y en medio de cualquier situación: al levantarnos, en la mesa, cuando hablemos por teléfono, cuando estamos hablando en serio o cuando bromeamos, siempre que hablemos. Hagámoslo para anticipar los tiempos y anunciar lo que Dios hará con nuestra descendencia. Hay momentos donde Dios pondrá en nuestros corazones bendecir de una forma personal y particular a cada uno de nuestros hijos e hijas. Esto requiere que cada uno de nosotros como padres, estemos atentos a lo que Dios nos está diciendo y como lo expresa Carla: "Mi deseo en este libro es animarte, ayudarte y equiparte, no solo para que levantes hijos que sigan tus pisadas en amar y servir a Dios, sino para que inspires generación tras generación para que amen y sirvan a Dios".

Cada bendición es una profecía que marca la vida de nuestros hijos, por lo tanto, debe ser con discernimiento para aplicarla en el tiempo correcto y a la persona indicada.

Recorrer las páginas de este libro cautivó mi corazón, y sé que lo hará con usted. Nos deja enseñanzas prácticas, profundas, y nos cuenta la historia de una familia moderna que lo ha vivido. Espero que disfrute la aventura de marcar el destino de sus hijos y de ayudarles a crecer con una identidad definida, firme y fuerte.

Gracias, Carla, por ser testimonio viviente de lo que Dios hace cuando vivimos actuando generacionalmente.

Sixto Porras
Director Regional
Enfoque a la Familia

INTRODUCCIÓN

Yo crecí en una familia única, aunque cuando era pequeña, no lo sabía. Pensé que todos tenían un lugar seguro llamado "hogar", donde eran amados, cuidados y protegidos. Imaginaba que todos eran como yo, con mamá y papá, varios hermanos, primos, tíos cercanos, abuelos, bisabuelos y hasta una tatarabuela. De niña me contaban historias acerca de cómo mis antepasados eran usados por Dios, algunos en sanidades, algunos como predicadores, algunos como pastores, otros como misioneros. Todos, durante siglos, en sus respectivas generaciones, se congregaban, servían y diezmaban fielmente a su iglesia local.

En la iglesia a la que asistía de pequeña, el pastor solía invitar a compartir su testimonio a las personas más o menos nuevas que habían salido de vidas pasadas fuertes. Algunos habían salido de la adicción a drogas, el alcohol, la violencia, las apuestas, el sexo ilícito y todo tipo de pecados. Semana tras semana los escuchaba. Me alegraba mucho ver el poder y la gracia de Dios en sus vidas para rescatarlos y darles otra oportunidad, pero comencé a pensar que yo no tenía testimonio.

Por otro lado, tenía tantos amigos tan dolidos por el divorcio de sus padres o la muerte de sus abuelos, que me preguntaba, ¿cómo podía yo decirles que mis bisabuelos estaban cumpliendo 76 años de matrimonio? Entonces guardaba mi historia.

No obstante, leyendo la Biblia me he dado cuenta de algo: nuestro testimonio familiar es poderoso para vencer al enemigo. Sí, mi testimonio es diferente; no es acerca de la profundidad de la gracia de Dios sobre personas que han caído, como los testimonios de muchos. Mi testimonio es prueba de que las promesas de Dios son verdaderas y que las bendiciones generacionales de Dios son más poderosas que las maldiciones generacionales del enemigo.

Crecer en una casa llena de bendiciones generacionales como la salud, bienestar, sabiduría acumulada, un apellido que es sinónimo de integridad y longevidad, te hace valorar cosas diferentes a las que valoran personas de tu misma edad. Otros jóvenes experimentan con vicios o simplemente desperdician su tiempo porque piensan que no tienen nada que perder, pero un hijo de una casa con bendiciones generacionales sabe que tiene mucho que perder y nada que ganar.

Espero que nuestra historia familiar y este libro te sirvan de inspiración para ayudarte a soñar, no solo con una mejor familia en el presente, sino a orar y trabajar para alcanzar y bendecir las generaciones que vendrán después de ti.

LA IMPORTANCIA DE LA FAMILIA

1

LA IMPORTANCIA DE LA FAMILIA

Antes de existir los imperios, las naciones, los gobiernos y aun las ciudades, ha existido la familia. El matrimonio es la base de la familia, y es la institución que precede a todas las demás. La familia es el fundamento sobre el cual se puede construir comunidades, sociedades y naciones. La sociedad humana, en todas sus formas, depende de la familia para su supervivencia.

La salud de la sociedad está directamente relacionada con la salud de la familia. Cuando las familias están saludables, una sociedad progresa. Pero cuando las familias son disfuncionales o se desintegran, los niños y los jóvenes son más propensos a recibir abusos, bajan su rendimiento académico, y a veces buscan en las pandillas, la delincuencia o los vicios la forma de sobrevivir o de escapar.

> **La salud de la sociedad está directamente relacionada con la salud de la familia.**

Hoy vemos una gran variedad de problemas en nuestra sociedad y la solución que muchos gobiernos han propuesto es echar fuera el fundamento, el matrimonio. Tienen la idea errónea de que echando fuera el fundamento de la casa, mejorará su estado; pero una casa sin fundamento no puede mantenerse de pie. Yo seguiré creyendo que, aunque a veces las personas fallan en el intento de tener un buen matrimonio, el matrimonio seguirá siendo siempre una buena idea porque es una idea de Dios.

En el comienzo, cuando Dios creó al hombre, en Génesis 2:18 dijo: *"No es bueno que el hombre esté solo; le haré ayuda idónea para él"* (RVR 60). Dios creó la primera familia con la idea de que es mejor estar en grupo que estar solo.

> *Es mejor ser dos que uno, porque ambos pueden ayudarse mutuamente a lograr el éxito. Si uno cae, el otro puede darle la mano y ayudarle; pero el que cae y está solo, ese sí que está en problemas. Del mismo modo, si dos personas se recuestan juntas, pueden brindarse calor mutuamente; pero ¿cómo hace uno solo para entrar en calor? Alguien que está solo, puede ser atacado y vencido, pero si son dos, se ponen de espalda con espalda y vencen; mejor todavía si son tres, porque una cuerda triple no se corta fácilmente.*
>
> (Eclesiastés 4:9-12)

El mundo es un lugar duro y difícil si uno está solo, pero en grupo las personas se pueden cuidar de los elementos, de los tropiezos y de los ataques. Hay diferentes grupos que se cuidan, como los tribus, las pandillas, los equipos, los países y las iglesias; pero el primer grupo que Dios creó antes de todos fue la familia.

Me puedes decir: "Pero, en mi familia no se cuidaban, más bien se atacaban", o "mi propio padre o madre ha abusado de mí". Sé que existe un dolor genuino de las heridas que recibimos en la casa de donde provenimos. Sin embargo, también he visto salir de ese dolor profundo, un deseo más profundo de hacer todo completamente diferente; de levantar una generación para Dios. Si esa es tu meta, Dios te va a echar una mano. Mi deseo en este libro es animarte, ayudarte y equiparte, no solo para que levantes hijos que sigan tus pisadas en amar y servir a Dios, sino para que inspires generación tras generación para que amen y sirvan a Dios.

> *Yo lo escogí a fin de que él ordene a sus hijos y a sus familias que se mantengan en el camino del Señor haciendo lo que es correcto y justo. Entonces yo haré por Abraham todo lo que he prometido.*
>
> (Génesis 18:19)

Dios nos ha escogido como padres para enseñar a nuestros hijos lo que es correcto y justo. Te animo a que en el lugar del versículo donde aparece la palabra "Abraham", pongas tu nombre debajo o al costado. Dios te ha escogido no tan solo para bendecirte, prosperarte y sanarte, sino para que guíes a tus hijos a seguir el camino de Dios, y entonces todas las promesas serán tuyas. Dios no quiere escoger una simple persona; quiere escoger un linaje, porque Dios es un Dios de generaciones. Muchas veces en la Biblia, Dios se refería a sí mismo como el Dios de Abraham, Isaac y Jacob.

Dios es un Dios de generaciones.

Dios no quiere ser sencillamente el Dios tuyo. Él también quiere ser el Dios de tus hijos, nietos, bisnietos, hasta que Cristo venga. Tenemos que entender que *todos* somos llamados y escogidos a criar hijos que le sirvan a Dios, y a levantar generaciones que le sigan.

Pues emitió sus leyes a Jacob; entregó sus enseñanzas a Israel. Les ordenó a nuestros antepasados que se las enseñaran a sus hijos, para que la siguiente generación las conociera —incluso los niños que aún no habían nacido—, y ellos, a su vez, las enseñarán a sus propios hijos. De modo que cada generación volviera a poner su esperanza en Dios y no olvidara sus gloriosos milagros, sino que obedeciera sus mandamientos.

(Salmo 78:5-7)

Este pasaje nos enseña tres responsabilidades fundamentales que tenemos como padres: que nuestros hijos pongan su esperanza en Él, que no se olviden de sus milagros y que obedezcan sus mandamientos.

¿Cómo logramos esto? En primer lugar, siendo ejemplo. No puedes transmitir algo que no eres. Es incluso posible enseñar algo que no eres. No es ético, pero posible. Por ejemplo, hay doctores que enseñan que fumar es dañino para la salud, sin embargo, fuman. Pero a los hijos no les puedes engañar enseñando una cosa y viviendo otra. Tus hijos viven contigo y no van a hacer lo que tú enseñes; van a imitar lo que tú eres.

Por eso, más que nunca, como padre o madre, tu vida privada es importante. Antes, si te peleabas con tu cónyuge, podías fingir, pintarte una sonrisa en la cara y decir en la iglesia que todo estaba bien. Las personas te pueden creer, pero a tu hijo, que vio esa pelea, no lo puedes engañar.

> **Tus hijos viven contigo y no van a hacer lo que tú enseñes; van a imitar lo que tú eres.**

Ser padre demanda un nivel mayor de integridad, de oración y temor de Dios, porque tener hijos es tener testigos de tu vida privada. El mayor éxito de cualquier cristiano es hacer que esos pequeños testigos en su casa, que les han visto en las buenas, las malas y las feas, igual quieran tomar la decisión de seguir y servir a su Dios. Es el reto más grande, y es el mismo Dios quien nos llama a hacerlo.

La meta de este libro es darte las herramientas necesarias para criar bien a tus hijos mientras están pequeños, guiarlos a un buen destino cuando están grandes, y dejar un legado familiar que perdure cuando tú ya no estés.

Este es el viaje en el que te quiero acompañar a la largo de este libro, pero para que todo esto funcione como queremos, primero tienes que establecer bien tus prioridades. Dios tiene que ser el primero en tu vida.

> *Jesús le dijo: Amarás al Señor tu Dios con todo tu corazón, y con toda tu alma, y con toda tu mente.*
> (Mateo 22:37 RVR 60)

Puedes amar, bendecir, enseñar y disciplinar a tus hijos todo lo que quieras, pero sin Dios, no tan solo nos falta una pieza irreemplazable, sino que nada tiene sentido. Así que establece amar a Dios con todo, no solo como prioridad tuya, sino como la prioridad de tu familia.

Tener hijos es tener testigos de tu vida privada.

Busca tiempos durante el día para orar y leer la Palabra juntos. Eso puede ser durante la comida o antes de dormir, pero que estén unidos buscando la bendición de Dios. Si tus hijos son pequeños, te recomiendo que lean Biblias de niños o historias bíblicas. Si son lo suficientemente grandes para leer, regálales una bonita Biblia con una tapa colorida y con un lenguaje sencillo. Hoy en día hay Biblias de comics, de princesas; hay para todos los gustos y edades.

A veces también dejo que uno de mis hijos entre conmigo a la hora que yo oro y hago mi devocional para que vea cómo oro, y así aprende. Puedes hacer un tiempo de adoración familiar una vez a la semana, pero hagas lo que hagas, debe ser obvio para todos los que viven bajo tu techo, que Dios es prioridad en tu familia.

DIOS ES LA PRIORIDAD

2

DIOS ES LA PRIORIDAD

*Busquen el reino de Dios por encima de todo
lo demás y lleven una vida justa,
y él les dará todo lo que necesiten.*
—Mateo 6:33

Una familia de éxito es una familia que tiene a Dios como prioridad por encima de todas las cosas. Hay familias cuya prioridad es el dinero. No quieren ir a la iglesia el domingo porque quieren seguir trabajando, ya sea por temor a que falte el dinero o por simplemente tener más. La promesa en Mateo es que si hacemos de Dios nuestra prioridad, Él siempre proveerá.

Mi familia y yo somos testigos de que esa promesa es verdad aún en épocas sin empleo, o aún con bebés en camino que no fueron planificados. Mi bisabuelo, Paul Mosher, aunque había sido granjero en la época de la Primera Guerra Mundial y la Gran Depresión en los Estados Unidos, escribió en su diario al final de su vida: "He sido socio del Señor por unos sesenta años. Él provee la tierra, el sol, y la lluvia. A mí me toca sembrar y cosechar, sin embargo, Él nunca me ha fallado ni una vez". La familia que hace a Dios su prioridad, no será defraudada.

> **La familia que hace a Dios su prioridad, no será defraudada.**

Existen familias cuya prioridad es el deporte, y en vez de ir a la iglesia el fin de semana, los pequeños y grandes juegan fútbol, voleibol o lo que sea. Conocía a una linda familia en particular en la iglesia donde crecí. Eran bien parecidos y buenos deportistas, pero si alguien tenía partido pueden estar seguros que todos iban al partido y no a la iglesia. Con el tiempo, una de las hijas comenzó a demostrar bastante talento en el deporte, así que la metieron en una liga que viajaba todos los fines de semana a diferentes ciudades para celebrar partidos los domingos. Así que dejé de ver a la familia por años. Cuando volvió a aparecer el papá un día, estaba solo. Le fui a saludar y me dijo con orgullo que su hija jugaba fútbol en una liga en Europa, pero luego le cambió la cara al admitir que él estaba divorciado y ninguno de sus hijos eran cristianos.

En lo que tú te enfoques, te volverás fuerte, pero tal vez al costo de otras áreas importantes de tu vida. Pero si te enfocas en Dios y en Su Reino, no tan solo te harás fuerte en Dios, sino todo lo demás vendrá por añadidura.

GUÍA #1:
IDEAS PRÁCTICAS PARA HACER CUMPLIR EL MANDAMIENTO MÁS IMPORTANTE

El versículo que voy a compartir ahora fue fuente de inspiración para mi madre en la crianza de sus cuatro hijos. Ahora es inspiración para mí también, porque no es tan solo una teoría bonita, sino que nos da muchas ideas prácticas de cómo hacer cumplir el primer y más importante mandamiento de Dios.

Ama al Señor tu Dios con todo tu corazón, con toda tu alma y con todas tus fuerzas. Debes comprometerte con todo tu ser a cumplir cada uno de estos mandatos que hoy te entrego. Repíteselos a tus hijos una y otra vez. Habla de ellos en tus conversaciones cuando estés en tu casa y cuando vayas por el camino, cuando te acuestes y cuando te levantes. Átalos a tus manos y llévalos sobre la frente como un recordatorio. Escríbelos en los marcos de la entrada de tu casa y sobre las puertas de la ciudad. (Deuteronomio 6:5-9)

REPETIR

Parte de amar a Dios con todo tu ser no es tan solo cumplir y obedecer sus mandamientos, sino enseñar a tus hijos a hacer lo mismo. ¿Cómo les enseñamos? La primera idea práctica que nos da el verso siete es *"Repíteselos"*. Como mamá, repito muchas órdenes durante el día como "cepilla tus dientes", "no hables con la comida en la boca", "haz tu tarea", "no le grites a tu hermano", "lava tus manos" y otras más. No basta con decirlo una sola vez; tengo que repetirlo durante un buen tiempo hasta que se vuelve un hábito.

Lo mismo pasa en lo espiritual. Hay que leer la Biblia una y otra vez para que la podamos interiorizar. Leo la Biblia o un devocional de niños en la mañana con el desayuno, y en la noche con su cena. Escuchamos canciones cristianas e historias cristianas de camino al colegio. Jugamos juegos de preguntas de la Biblia y les doy premios por responder bien la pregunta.

Cuando son pequeños, las Biblias de niños ilustradas con dibujos son buenas para que puedan entender mejor. Si son grandes, después de la cena haz que uno de ellos lea una porción, y luego hable de cómo se podría aplicar.

CONVERSAR

Sigamos observando la riqueza de instrucciones de este pasaje. El verso siete continúa diciendo que hablen de la Biblia en sus conversaciones.

Conversen sobre distintos temas, siempre incluyendo el punto de vista bíblico del asunto. Conversen en el auto, en el bus o caminando. Después de la iglesia pregunten a los niños qué les enseñaron en la escuela dominical o en la charla, y déjense preguntar. Mis hijos son extremadamente curiosos y me hacen preguntas *todo* el día. Aunque puede volverse abrumador, siempre intento contestar sus preguntas. Si no sé cómo contestarles, investigo sobre el tema.

Cuando mi hijo mayor entró en el kínder, comenzó a hacer muchas preguntas sobre la creación. Eso me llevó a comprar libros de la ciencia detrás de la creación, y hasta me inscribí para recibir una revista hecha por científicos cristianos. Me mantengo informada para responder correctamente.

Cuando Jesús quería enseñar a sus discípulos los grandes principios de Dios, muchas veces usaba analogías de cosas cotidianas como: perlas, ovejas, semillas y pan. Al hablar de materias conocidas, lograba aterrizar temas complicados.

Así que aprovecha las tareas rutinarias para conversar acerca de Dios. Si por ejemplo van a comer pan, puedes aprovechar y preguntarles: "¿Qué hace el pan por nosotros? Nos llena, nos quita el hambre, nos da fuerzas. Todo eso y más hace Jesús por nosotros".

Si vas a sembrar semillas, puedes referirte a la parábola del sembrador o la regla simple de la siembra y la cosecha. De la misma manera en que sembramos semillas, también sembramos palabras de ánimo, buenas acciones o malas palabras, y luego esperamos una cosecha del mismo tipo de semilla que sembramos.

> **Aprovecha las tareas rutinarias para conversar acerca de Dios.**

Una vez compré arcilla y le di un pedazo a cada uno de mis hijos. Mientras les explicaba cómo Dios es el alfarero y nosotros somos como arcilla, ellos iban amasando su arcilla y formando lo que se les ocurría. Luego la horneamos para tenerla de recuerdo. La Biblia está llena de ejemplos para ayudarnos a "ver" a Dios. Cada vez que la Biblia habla de algo tangible: un cordero, un tesoro, un pan, una semilla de mostaza, una espada, un águila, un león, un castillo, un pescador, trata de enseñar a tu hijo un ejemplo en vivo. Si no es posible, busquen imágenes en la Internet para ayudarte a explicar a Dios de diferentes formas.

CREAR RECORDATORIOS

El verso ocho continúa diciendo: *"Átalos a tus manos, llévalos… como un recordatorio".*

Cuando yo era adolescente, había la fiebre de usar un brazalete que tenía las letras "WWJD" que significa en español "Qué haría Jesús" por sus siglas en inglés (*What Would Jesus Do*). Así que cada vez que uno enfrentaba una situación difícil, venía a la mente esa pregunta: ¿Qué haría Jesús? Esa moda ya pasó, pero regalar brazaletes tejidos, de cuero o de metal con algún mensaje puede resultar muy efectivo. Tengo ahora un brazalete que dice "valiente", y en esos días cuando tengo que enfrentar alguna situación difícil, lo uso para recordar que debo ser valiente.

La sabiduría detrás de este verso es impresionante, porque a veces en la casa o en la iglesia tu hijo puede estar muy convencido de algo. Pero basta que salga a la esquina y se encuentre con un amigo para hacerle dudar de su compromiso con Dios o hasta de su fe. Es provechoso que tengamos recordatorios que traigan a Dios a nuestra memoria en momentos claves durante el día.

Al cumplir trece años, mi padre me propuso regalarme un anillo para hacer un compromiso de integridad y pureza. El trato era que él me regalaba un anillo si yo aceptaba someter mis sentimientos a los principios de Dios. Esto significaba no dar mi corazón ni mi cuerpo a un hombre hasta recibir la bendición de Dios y de mis padres, y hasta contraer matrimonio. Acepté, así que fuimos juntos a escoger mi anillo que me regalarían por mi cumpleaños.

> **Tengamos recordatorios que traigan a Dios a nuestra memoria en momentos claves.**

Nunca me quitaba ese anillo, y me acompañó como un testigo silencioso al colegio, a las fiestas de cumpleaños, al viaje de promoción y a cualquier lugar donde podía ser tentada lejos de la mirada de mis padres. Fui tentada varias veces a decir o hacer cosas fuera de mi pacto, pero al ver mi mano derecha, donde estaba mi anillo de compromiso y donde algún día iría un anillo de matrimonio, podía sentir la silenciosa presencia del Espíritu Santo que me redargüía.

Cuando acepté el anillo y el compromiso de guardarme en santidad, era la primera vez en mi vida que había tenido una joya de oro. Eso hacía que lo cuidara y lo valorara más. El anillo puede ser para hombre o mujer; a mi hermano también le dieron uno. Fue un buen recordatorio de mi compromiso con Dios en momentos cuando lo necesitaba, y lo voy a ofrecer a mis hijos también.

Si tu hijo acepta el anillo de compromiso, ese es un compromiso de parte de él de escuchar tu consejo en lo sentimental antes de tomar una decisión. No necesariamente te tienen que tomar el consejo después de los 18 años, pero sí lo tienen que escuchar. Créeme que ese anillito va a ser una de las mejores inversiones que haces.

En cuanto a los prospectos de novios o novias que te traen, no puedes vetarlos a todos simplemente porque no hay nadie suficientemente perfecto para tu *bebé*. Debes tener mucha sabiduría y ser específico en mencionar el por qué. Por ejemplo: "No me gusta ese chico porque veo que se enoja muy fácilmente con los demás" o "Me preocupa que ella tenga el hábito de gastar más de lo que gana".

Es bueno también que tu perspectiva positiva sea específica también, como por ejemplo: "Me impresiona porque veo que ella siempre está sirviendo a los demás" o "veo que él es muy cuidadoso para manejar las finanzas". Termina siempre con "pero finalmente es tu decisión. Tú eres quien vas a vivir con él o ella por el resto de tus días". Así van aprendiendo lo que deberían buscar en un futuro cónyuge.

COLOCAR VERSÍCULOS

El verso 9 habla de poner la Palabra *"en los marcos de la entrada de tu casa y sobre las puertas de la ciudad"*. En otras palabras, coloca versículos en lugares de alto tránsito en la casa.

En la casa donde crecí, mi mamá había puesto versos en diversas partes de la casa. El clásico cuadro de *"Yo y mi casa serviremos al Señor"* (Josué 24:15 LBLA) estaba en la cocina. En el baño de los niños tenía Filipenses 4:8 (NVI):*"Por último, hermanos, consideren bien todo lo verdadero, todo lo respetable, todo lo justo, todo lo puro, todo lo amable, todo lo digno de admiración, en fin, todo lo que sea excelente o merezca elogio"*. Aunque me daba risa su elección para el baño, ahora veo su eficacia porque era imposible no memorizarlo.

> **Coloca versículos en lugares de alto tránsito en la casa.**

En mi casa también vas a encontrar versos en cuadros en lugares estratégicos. Algunos son clásicos, como el Salmo

23 que tengo en el baño de visitas, y otros son especiales y específicos para nosotros o para un tiempo que estemos pasando. Cuando mi abuela se enfermó con una serie de bacterias en los pulmones contraídas durante uno de sus muchos viajes misioneros, los doctores le dijeron que no había cura. Entonces ella cubrió el interior de su casa con versículos que contenían promesas de sanidad para ayudarle a orar y declarar. Ahora está sana de las bacterias más peligrosas, y va de camino a una sanidad total.

Las paredes de nuestras casas deben ser aliadas y no neutrales en la batalla por la mente de nuestros hijos. Piensa en esto. Cuando tus hijos salen de la casa, son bombardeados con imágenes y mensajes de todo tipo desde carteles publicitarios hasta tapas de periódicos, pero la casa es nuestro territorio. En la calle, en una revista o por Internet, una chica puede sentirse menos por no llegar a ciertos "estándares de belleza" de la sociedad. ¡Qué lindo sería llegar a su casa y ver en su espejo el Salmo 139:14!: "¡Gracias por hacerme tan maravillosamente complejo! Tu fino trabajo es maravilloso, lo sé muy bien".

Un joven puede sentir presión de los amigos o de la Internet para ver pornografía, pero ¿qué tal tener encima de su computadora a Job 31:1?: "*Hice un pacto con mis ojos, de no mirar con codicia sexual a ninguna joven*".

El enemigo es muy estratégico en mandar sus mensajes a nuestros hijos con publicidades, letreros, imágenes y anuncios. ¡Seamos nosotros igualmente estratégicos para mandar nuestros mensajes en el ambiente que nos corresponde decorar!

He mencionado a lo largo del capítulo algunas ideas prácticas para que se perciba que Dios es la prioridad familiar. He sido testigo de algunas personas que dicen que Dios es su prioridad, pero al ver la forma en que viven sus vidas de lunes a sábado, no se nota. Puede ser que tengan a Dios muy arraigado en el corazón, pero si queremos pasar nuestra fe a la siguiente generación, tenemos que ser intencionales en compartirlo, escribirlo y vivirlo en voz alta.

¿Cómo saben nuestros hijos que oramos, si siempre oramos en silencio? ¿Cómo saben que leemos la Biblia, si siempre la leemos cuando están en el colegio? Para hacer de Dios la prioridad familiar, tenemos que modelar delante de los hijos las acciones que queremos transmitirles.

CULTIVAR UNA RELACIÓN CON DIOS

3

CULTIVAR UNA RELACIÓN CON DIOS

En el capítulo anterior vimos que es primordial leer la Biblia, y tomar el tiempo de explicarles todo a tus hijos y responder sus preguntas. Pero eso no lo es todo. Para que tus hijos te sigan en el camino de Dios, tienes que guiarlos, no solo a conocer de Dios, sino a que tengan su propia relación con Él. Debemos enseñarles a desarrollar su propia relación con Dios y a escuchar Su Voz por ellos mismos.

La serpiente era el más astuto de todos los animales salvajes que el Señor Dios había hecho. Cierto día le preguntó a la mujer: — ¿De veras Dios les dijo que no deben comer del fruto de ninguno de los árboles del huerto? —Claro que podemos comer del fruto de los árboles del huerto —contestó la mujer—. Es solo del fruto del árbol que está en medio del huerto del que no se nos permite comer. Dios dijo: "No deben comerlo, ni siquiera tocarlo; si lo hacen, morirán". — ¡No morirán! —Respondió la serpiente a la mujer—. Dios sabe que, en cuanto coman del fruto, se les abrirán los ojos y serán como Dios, con el conocimiento del bien y del mal. La mujer quedó convencida. Vio que el árbol era hermoso y su fruto parecía delicioso, y quiso la sabiduría que le daría. Así que tomó del fruto y lo comió. Después le dio un poco a su esposo que estaba con ella, y él también comió. (Génesis 3:1-6)

Aquí veo una falla clásica de los padres cristianos. Había una sola regla en el huerto y Eva no la había escuchado directamente de la boca de Dios. La había escuchado de Adán, y la versión que Adán le cuenta, viene ya aumentada. Adán le había dicho que no solo no lo podía comer, sino que ni siquiera podía tocar el árbol. Si lo hacía, moriría. Dios tan solo había dicho en Génesis 2:16-17[1] que no deberían comerlo. Adán, como muchos padres, tal vez pensó: "Si añado una segunda regla, esa regla de ni siquiera tocarlo, la puedo proteger".

Había buenas intenciones detrás de añadir reglas a la regla de Dios, pero tuvo un resultado desastroso. Dice la Biblia que Eva primero toma el fruto, y luego lo come. Tal vez pensó: "Mmm, lo he tocado y nada me ha pasado, tal vez Dios estaba equivocado", en vez de pensar: "Quizá Adán se equivocó al decírmelo". Al ver que nada sucedió al tocar el árbol y tomar el fruto, se lo comió.

GUÍA 2:
ENFÓCATE EN LA ESENCIA DE LA BIBLIA

He visto a muchos padres, con buenas intenciones, poner demasiadas reglas sobre sus hijos. Ellos creen que está bien sobreproteger a sus hijos. Esos legalismos sin fundamento bíblico como «no puedes pintar tu pelo azul", "no puedes pintar tus uñas un color oscuro", "no puedes ver esa película porque tiene artes marciales" o "no puedes decir la palabra 'suerte'", crean adolescentes rebeldes el día de mañana.

Yo tenía una amiga del colegio cuyos padres eran muy estrictos. Le ponían una serie de reglas y restricciones. Cada

---

1. *"pero el* Señor *Dios le advirtió: «Puedes comer libremente del fruto de cualquier árbol del huerto, excepto del árbol del conocimiento del bien y del mal. Si comes de su fruto, sin duda morirás»"* (Génesis 2:16-17).

vez que se equivocaba en una de ellas, la castigaban con no dejarle salir de la casa por tres meses o hasta más. Después de pasar mucho tiempo sin poder salir con amigos, a los 17 años la chica comenzó a escaparse de la casa por la ventana para salir con chicos, y quedó embarazada. Los padres al enterarse, la obligan a que se case con el chico. Se casan, pero él la maltrata y se terminan divorciando. Al imponerle demasiadas reglas, le era imposible cumplir con todas, así que se rindió y no intentó cumplir ninguna.

No le aumentes nada a la Biblia.

No le aumentes nada a la Biblia. Hay suficientes reglas en la Biblia en las cuales ocuparse sin tener que añadir más. Enfócate en lo más importante. No le des tanta importancia al largo de su pelo, al color de sus uñas o al estilo de su ropa. Enfócate en su corazón y habla de la importancia de la pureza sexual y de guardarse para el cónyuge.

JESÚS CONDENÓ EL LEGALISMO

En el Nuevo Testamento, aquellos que eran legalistas, los fariseos, siempre eran los enemigos de Jesús. Jesús vino a cumplir por nosotros la ley que jamás podríamos cumplir en nuestras fuerzas. Jesús vino para recordarnos los mandamientos más importantes: amar a Dios, amar a los demás, y llevar a cabo la Gran Comisión. Ten mucho cuidado con ser legalista y aumentar las leyes, porque el patrón que yo he visto en la vida de muchos jóvenes es el siguiente: *padres legalistas producen jóvenes rebeldes.*

Pablo toca bastante este tema del legalismo en su carta a los Gálatas. Allí explica que ser legalista es confiar en la ley, y no en la sangre de Jesús, para justificarnos ante Dios. Entonces para terminar el argumento con los legalistas, Él dice en Gálatas 2:18: *"Más bien, soy un pecador si vuelvo a construir el viejo sistema de la ley que ya eché abajo".*

Los legalistas siempre se preocupan mucho por las apariencias, pero a Dios le preocupa el corazón. Si ves que tu hijo adolescente ha comenzado un hábito que te preocupa, pero no es pecado, en vez de obligarlo a dejarlo, pregúntale cómo está. Pregúntale si está preocupado o frustrado por algo que está pasando en su vida. A veces los chicos tienen ciertos comportamientos que son realmente gritos de auxilio. Un papá legalista querrá callar ese grito de su hijo para que nadie se dé cuenta, pero en vez de callarlo, ¿por qué no respondemos al grito y lo auxiliamos?

Otras veces nuestros hijos van a tener otros gustos muy diferentes a los nuestros. De repente les gusta la música electrónica cristiana o el regetón cristiano. Hay padres que se rasgan las vestiduras por eso, porque no es el tipo de música que a ellos les gusta. Entonces la tachan de "música diabólica".

Déjame contarte una historia. Cuando mi bisabuela Madelyn era joven, en la iglesia solo se tocaba el órgano, y ella misma era quien lo tocaba. Un día el pastor quería renovar y compró un piano para que ella lo tocara. Ella tocaba los mismos himnos de siempre, pero con un sonido más moderno. Muchas personas se molestaron diciendo que "el piano era un instrumento del diablo" porque se usaba en los bares.

Mi abuela Bette creció tocando el piano en la iglesia, pero en los años 70 el pastor quiso renovar y compró un teclado electrónico. Otra vez había personas indignadas y ofendidas. "¿Cómo el pastor podría traer dentro de la casa de Dios ese instrumento del diablo?", decían, porque se usaba en los conciertos de rock.

En la época de mi mamá comenzaron a usar la guitarra para alabar a Dios. Otra vez las personas mayores se molestaron con el "instrumento del diablo" en el estrado. Hoy en día, hay personas que dicen que el rap cristiano, el reguetón cristiano y la electrónica cristiana "son del diablo" porque existen artistas no cristianos que usan el mismo ritmo.

Por favor, no seas ese padre que por querer que tu hijo sea el mismo estilo de cristiano que tú, lo terminas empujando al mundo. Lo importante es que esté alabando a Dios, ya sea con violín, con gaita o con cajón. Sé un padre firme en los principios, pero flexible con los cambios y los estilos.

> **No seas ese padre que por querer que tu hijo sea el mismo estilo de cristiano que tú, lo terminas empujando al mundo.**

GUÍA 3:
FOMENTA SU ENCUENTRO PERSONAL CON DIOS

Lo segundo que podemos aprender del pasaje en Génesis, es que ella, Eva, necesitaba su propio encuentro con Dios. Si ella hubiera tenido su propia relación con Dios, no hubiera sido tan propensa a caer en la trampa del enemigo. Pero al no escuchar el mandamiento de parte de Dios mismo, no sabía en qué tono Dios lo había declarado. No sabía si Dios lo había dicho con un espíritu de amor o de mezquindad. Entonces, cuando viene la serpiente, la hace dudar de las buenas intenciones del Padre, diciendo: «Él te pone reglas tan solo para limitarte, pero hay ventajas de comer del fruto"(paráfrasis de la autora).

Es la misma mentira que el diablo le sigue vendiendo a nuestros hijos: "Tus padres te ponen tantas reglas solo para limitarte y hacerte la vida difícil". Ellos le pueden creer si nunca han escuchado la voz de Dios. Por eso es crucial que antes de que vengan las tormentas de la adolescencia, cada hijo tenga su propia relación con Dios.

> **Guía a tu hijo o hija a tener su propio encuentro con Dios.**

Guía a tu hijo o hija a tener su propio encuentro con Dios. No importa cuán bien le enseñes al niño acerca *de* Dios, si no llega a conocer *a* Dios personalmente, todo lo que escucha es simplemente una historia bonita.

IDEAS PRÁCTICAS PARA PROMOVER UNA RELACIÓN ÍNTIMA ENTRE TU HIJO Y DIOS

- Dale tiempo a solas para que ore.
- Cuando oren juntos, en familia, dale a cada hijo e hija la oportunidad de orar.
- Regálale una bonita Biblia, y anímale a leerla. Ahora hay muchas Biblias diferentes para todas las edades y gustos.

- Enséñale a tu hijo cómo orar y cómo escuchar la voz de Dios.

- Cada cierto tiempo invita a tu hijo a tu tiempo de oración o de devocional para que vea cómo tú oras.

- Introdúcelo a la casa de Dios. Si es pequeño, llévalo a la escuela dominical. Si es grande, llévalo a servicios de jóvenes para que todo lo que tú le enseñas y todo lo que lee en la Biblia sea reforzado por maestros, predicadores y líderes jóvenes.

Hay padres que tienen miedo de llevar a sus hijos al servicio de jóvenes de su iglesia, o la madre quiere que su hija adolescente esté en su propio grupo de estudios bíblicos. Eso como padre no te conviene. Te conviene que vayan a su propio servicio de jóvenes porque en los servicios de jóvenes se les va a enseñar cosas más de acuerdo con su edad, por ejemplo, que deben respetar la autoridad y que honren a sus padres. Sobre todo se fomenta la relación personal con Dios, y el devocional todos los días.

No pienses en un servicio de jóvenes de tu iglesia o en un grupo de estudio bíblico como un rival; piensa en ellos como aliados en tu misión de criar hijos para Dios. Es bueno que vayan, también, porque van a hacer amigos cristianos, y en la vida de un niño o un joven los amigos son sumamente importantes.

Le pregunté a mi padre, Rick, qué fue lo que hicieron sus padres para que él también se consagrara y tomara la decisión de seguir a Dios y amarlo. Me dijo que le ayudó estar en la atmósfera, estar siempre en la iglesia, y estar escuchando las charlas y conferencias. Cuando era pequeño, en una charla decide pasar adelante y hacer la oración de entrega. En otra oportunidad llegó enfermo y Dios lo sanó. Así que cuando vinieron las dudas y argumentos en su adultez, él ya había decidido que Dios era real porque había sentido Su Presencia y había experimentado la sanidad.

Le pregunté a mi mamá, Esther, cómo se entregó al Señor. Me dijo que aunque creció en una familia cristiana y en la iglesia, sus padres nunca hicieron la oración de entrega con ella. Ella a los 18 años fue invitada a un grupo de jóvenes en casa y allí hace su oración de entrega, se compromete con el Señor, y entre otros jóvenes de su edad, crece en el Señor.

Si me preguntas qué hicieron mis padres, te digo que me guiaron en hacer una oración de entrega, me contestaron con paciencia todas mis preguntas acerca de Dios, me llevaban al servicio de jóvenes siempre, me enseñaron a escuchar la voz de Dios, y me llevaron a tener una relación personal con Él. Cuando llegaron las tormentas de la adolescencia, ya Jesús estaba en mi barco, guiándome.

Al final del día, cada persona toma la decisión de seguir o no a Dios. No podemos, como padres, forzar a un adolescente o a un hijo joven a ser cristiano o seguir a Dios.

Tan solo podemos guiarlo, orar por él, enseñarle que Dios es la última respuesta para las preguntas de la vida, y vivir una vida ejemplar. Pero al final del día, cada persona tiene libre albedrío de tomar sus propias decisiones. Este libro es simplemente una herramienta en hacer que sea mayor la posibilidad de que tu hijo o hija tenga una relación con Dios.

A veces hay jóvenes muy rebeldes o muy heridos, y ellos toman la decisión de no perdonar o de no cambiar. Tú, como padre, no puedes vivir tu vida sintiéndote culpable o como un fracaso si uno de tus hijos decide no seguir a Dios.

Así que simplemente haz tu mejor esfuerzo para que tus hijos se entreguen por completo a Dios, de manera que el día en que ellos tomen su decisión, tengas limpia tu consciencia de que hiciste todo lo que estaba dentro de tu poder para guiarlos hacia el camino correcto.

LA CONSTITUCIÓN

4

LA CONSTITUCIÓN

Imagina que tu casa fuera una nación. Si en una nación existe una constitución hecha de leyes claras y consecuencias inmediatas para quien rompa una ley, el nivel del crimen sería muy bajo. En cambio, cuando en una nación los límites no son claros y no hay consecuencias inmediatas por crímenes cometidos, entonces los crímenes aumentan cada vez más. La inseguridad ciudadana se levantaría porque los ciudadanos buenos necesitan de leyes para protegerse. Si no, tarde o temprano se volverán malos o emigrarán a otra nación.

¿Tú vivirías en un país donde el robo, el abuso y la violencia no tienen penalidades? No creo, pero muchas personas obligan a sus hijos a vivir en casas así, donde las reglas son sugerencias porque no hay consecuencias reales por romperlas. Una casa sin reglas es como una nación sin constitución, y los que más sufren cuando hay caos son los más inocentes, débiles o pequeñitos. Ellos tienen que aguantar el acoso o "bullying" en forma de palabras, golpes o aun cosas peores de sus hermanos, porque los padres no establecieron reglas con consecuencias para los hijos.

> **Una casa sin reglas es como una nación sin constitución.**

Entonces, para proteger a los más vulnerables y para enseñar a todos cómo se deben comportar es necesario asentar una constitución. ¿Cuáles son los principios bíblicos que deberían formar la constitución del hogar?

Tomemos a Dios Padre como nuestro ejemplo, ya que fue quien primero estableció reglas. Vemos que cuando Dios puso a Adán en el huerto, antes que nada, le dio una regla:

"Puedes comer libremente del fruto de cualquier árbol del huerto, excepto del árbol del conocimiento del bien y del mal".[2]

Cuando Dios sacó de Egipto al pueblo de Israel, antes de hacerles entrar en la tierra prometida mientras estaba en el desierto, les dio los diez mandamientos seguidos de toda la ley.

Es crucial que los hijos de la casa sepan cuáles comportamientos son aceptables y cuáles no, **antes** de cometerlos, para que no haya malos entendidos. Establecer reglas claras también le da seguridad al niño.

En las casas donde no hay reglas definidas, el niño nunca sabe si después de una acción o actitud le caerá una disciplina o no. Por lo tanto, anda miedoso y escondiendo cosas de sus padres. Imaginémoslo así: un niño tiene que cruzar un puente sobre un abismo. Si el puente no tiene barandas, el niño va a estar paralizado de temor, no va a querer cruzar al otro lado, y si cruza, va a cruzar gateando. Pero ahora imaginemos barandas seguras a los lados del puente. Ahora el niño puede cruzar como quiere. Ya no hay miedo. Puede agarrar la baranda y mirar hacia abajo. Si quiere, puede correr. El puente es la niñez y las barandas son las reglas.

Una Constitución asienta seguridad en las vidas de nuestros hijos, porque saben que "si me porto bien todo me va

---
2. Génesis 2:16-17

bien; si me porto mal, me cae una disciplina". Finalmente, son ellos quienes deciden si les va bien o mal en la vida, y ese sentir de control sobre su futuro les trae seguridad y les enseña responsabilidad.

En cambio, en las casas donde las reglas no están bien establecidas, los niños piensan de la siguiente manera: "Si mamá o papá están enojados, me disciplinan. Si no lo están, no". Ellos sienten que sus acciones no tienen consecuencias coherentes. Luego nunca piensan en corregir sus comportamientos indebidos; solo en esconderlos.

Si las reglas no están establecidas, y los niños reciben una corrección, van a pensar que tú eres malo o que ellos son malos. Si están establecidas y las rompen, van a saber que el comportamiento es lo que ha estado mal.

¿Cómo establecemos una regla? Haciéndola clara, tanto oralmente y por escrito, en varias oportunidades. En Éxodo 20:1-17[3] vemos cómo Dios habla directamente con el pueblo de Israel, y les explica las reglas de manera oral.

Luego encontramos en Éxodo 34:28 (NVI):

"Y Moisés se quedó en el monte, con el Señor, cuarenta días y cuarenta noches, sin comer ni beber nada.

---

3. "...*No tengas ningún otro dios aparte de mí*... *No codicies la casa de tu prójimo*..." (Éxodo 20:1-17).

Allí, en las tablas, escribió los términos del pacto, es decir, los diez mandamientos".

Dios pone por escrito sus reglas en dos tablas de piedra.

Es bueno establecer las reglas, pero no hagas tantas que después no puedas recordarlas ni tú mismo. Me gusta la estrategia de Dios. Aunque tiene libros enteros de la ley, los resumió en diez mandamientos. Jesús los resumió aún en menos reglas cuando dijo:

> *Ama al* Señor *tu Dios con todo tu corazón, con toda tu alma y con toda tu mente. Este es el primer mandamiento y el más importante. Hay un segundo mandamiento que es igualmente importante: Ama a tu prójimo como a ti mismo. Toda la ley y las exigencias de los profetas se basan en estos dos mandamientos.*[4]

Yo también he resumido las reglas para mis pequeños en dos frases:

1. Obedezcan y honren a Dios, a sus padres y a las autoridades.

2. Respeten y traten bien a los demás.

---

4. Mateo 22:37-40

La gran mayoría de las reglas pueden entrar en una de esas dos categorías. En la puerta de la habitación de mi esposo y mía están también escritas otras diez reglas en una hoja que instaura nuestra constitución familiar. Están basadas en una mezcla de los diez mandamientos del Antiguo Testamento y el fruto del Espíritu Santo del Nuevo Testamento. Les dejo un ejemplo de cuáles son mis reglas. Pueden usarlas como inspiración, pero aparte sería bueno que tomes un tiempo con tu cónyuge para formar tu propia constitución de acuerdo a tu situación particular.

GUÍA 4:
FORMA LA CONSTITUCIÓN DE TU FAMILIA (ESTE ES UN EJEMPLO)

3. Amamos a Dios con todo nuestro corazón, alma, mente y fuerzas.

4. Nos amamos a nosotros mismos y amamos a los demás incondicionalmente.

5. Obedecemos y honramos a nuestros padres y autoridades.

6. Perdonamos a otros y a nosotros mismos, siempre.

7. Aceptamos corrección y disciplina con una buena actitud.

8. Tratamos a todos con gentileza y paciencia.

9. Nos servimos los unos a los otros poniendo las necesidades de los otros delante de nuestras propias necesidades.

10. Celebramos las victorias de nuestros hermanos como si fueron nuestras, y los consolamos después de una derrota.

11. Estamos contentos con lo que tenemos y no envidiamos a nadie.

12. Somos generosos entre nosotros y con los necesitados.

Mi esposo, yo, y mis hijos mayores que ya pueden leer, lo hemos firmado. Cuando uno de mis hijos rompe de forma explícita la Constitución, volvemos a la puerta para leerla, y les explico por qué les cae la disciplina. Les explico que esas son las leyes de la casa, y siempre hay una consecuencia por romper una ley.

GUÍA 5: ESTABLECE LA DISCIPLINA CON EXACTITUD

Finalmente tenemos que dejar establecido cuál es la disciplina o corrección para aquel que rompe una regla. Antes de romper una regla, tu hijo tiene que saber con 100% de exactitud cuál disciplina le va a caer si rompe alguna. Esto le da poder al niño. ¿Qué tipo de disciplina debemos usar?

Muchas personas están en contra del uso de la corrección física o el "palmazo" para corregir a sus hijos. Puede ser porque sufrieron una corrección exageradamente fuerte en su niñez, o porque han estado en contacto con alguna forma de la psicología moderna basada en el humanismo.

Finalmente, es tu decisión como padre qué tipo de disciplina vas a usar como consecuencia de romper las diferentes reglas. Yo personalmente creo que aún la disciplina física tiene un lugar entre las herramientas que usamos para corregir a nuestros hijos. No es la respuesta a todos los problemas ni la única forma de disciplina que uso, pero la uso para asuntos graves, y permíteme decir por qué creo en eso; primeramente porque es una forma que Dios nos enseña reiteradas veces en Su Palabra. El mundo y sus modas se marchitarán como hierba, pero Su Palabra permanece y sigue siendo verdad hoy.

Segundo, mi familia, por las últimas 13 generaciones, 300 años aproximadamente, llevamos aplicando la Biblia a nuestros hogares incluyendo la disciplina física a nuestros hijos, y no nos ha fallado aún.

¿Qué dice la Palabra de Dios en cuanto a la disciplina?

Quienes no emplean la vara de disciplina odian a sus hijos. Los que en verdad aman a sus hijos se preocupan lo suficiente para disciplinarlos (Proverbios 13:24)

Hay que usar una vara, hay que usar la disciplina física en ciertos momentos porque el simple hecho de decirles "está mal lo que hiciste" no es suficiente.

El que detiene el castigo, a su hijo aborrece, mas el que lo ama, desde temprano lo corrige.
(Proverbios 13:24 RVR 60)

Esta versión es interesante porque a muchos les da pena aplicar disciplina física a sus hijos pequeños, y recién a los 5 años quieren comenzar a corregirles. A los cinco años el niño ya sabe todo. Si nunca lo corregiste, ya está acostumbrado a salirse con la suya, y va a ser muy difícil cambiar sus hábitos.

Muchos me preguntan: "¿A qué edad comenzaste a corregir a tus hijos?". Mi respuesta es: "Cuando podía ver claramente la rebeldía en sus acciones". Ustedes que ya son padres saben de lo que estoy hablando, pero les doy un ejemplo: cuando mi hijo mayor, David, tenía unos 10 meses de edad, gateaba en la casa cerca de la escalera. Tal vez la iba a pasar de largo, pero de todas maneras por el instinto maternal de quererlo proteger me salieron las palabras: «¡No vayas a subir la escalera!». Él me miró, y ajustó su rumbo para ir directo a la escalera, subió el primer peldaño, se dio media vuelta y me miró, retándome con sus ojos como diciéndome: "¿Y qué me vas a hacer si te desobedezco?". Me tomó un poco por sorpresa, y le di uno de sus primeros palmazos.

¿Por qué la disciplina física ayuda?

El corazón del muchacho está lleno de necedad, pero la disciplina física la alejará de él. (Proverbios 22:15)

Todos nacimos con una naturaleza pecaminosa y necia. Darle un palmazo cuando el niño o la niña hace algo que desobedece la Palabra de Dios, comienza a desprender la rebelión que está arraigada en su corazón. Además, le enseña que existe la justicia, y existen consecuencias a nuestras acciones.

¿Cómo es un palmazo? Es entre uno a cinco golpes al área de las pompis con una varita o un cucharón de madera, o en el caso de los más pequeños, con la mano. Nunca se debe pegar más veces. No se debe pegar en ninguna otra parte del cuerpo. No se debe pegar con otros instrumentos. Es bueno que consigas un par de varitas o cucharones de madera, y uses siempre los mismos. Eso demuestra una disciplina de parte tuya, y hace que en tu ira no castigues más allá de lo que merece el niño. Es entre uno y cinco, porque la cantidad de palmazos debe variar de acuerdo a la gravedad de la desobediencia del niño, y de acuerdo con su edad. Para un niño pequeño uno o dos es suficiente, mientras que para corregir un niño más grande por una falta grave, puedes requerir más.

Después pide al niño que te pida perdón a ti por romper la regla, y a alguien más si es que agredió a otra persona. Luego le das un abrazo, le dices que lo amas, restauras la relación, y te olvidas del asunto. Nunca más lo mencionas. Siguen su vida normal, juegan juegos y pasan un buen día.

Como padres, tenemos que recordar que somos la primera imagen de Dios para nuestros hijos. La Palabra dice que al hijo que ama, le disciplina, pero luego Él remueve nuestro pecado tan lejos como de oriente al occidente. Cuando Dios perdona, nunca más trae a la memoria ese pecado. Quien vuelva a traer el pecado perdonado a la memoria una y otra vez es el enemigo, con el fin de hacernos sentir culpables. Así que ten mucho cuidado de hacer recordar a tu hijo sus errores pasados, más bien esfuérzate en perdonar, olvidar y avanzar como lo hace nuestro Padre.

Ten mucho cuidado de hacer recordar a tu hijo sus errores pasados, más bien esfuérzate en perdonar, olvidar y avanzar.

Yo fui una niña de voluntad muy firme, mucho más que mis hermanos, así que recibí más palmazos que ellos. Era curiosa y terca, y requería una supervisión cercana o me sumergía en problemas. En el momento, no fue bonito recibir los palmazos, pero cuando llegué a la adultez le di gracias a mis padres por haberlo hecho.

Ahora como adulto tengo un dominio propio fuerte que me ayuda a gobernar mis palabras, acciones y emociones. Yo sé —sin duda alguna— que no sería cristiana, ni siquiera una buena persona, si no hubiera sido por la disciplina física que mis padres aplicaron en mi niñez. Por esa disciplina jamás me atreví a probar con drogas, sexo ilícito u otros vicios. Finalmente es la decisión de cada padre si va a usar la eterna Palabra de Dios como su fundamento para criar o hijos, o algún libro del humanista de moda. Es tu decisión.

ENMIENDAS A LA CONSTITUCIÓN

5

ENMIENDAS A LA CONSTITUCIÓN

Si decidiste o no usar la disciplina física, en este capítulo hablaremos sobre cuándo hay que corregirlos (sea con disciplina física u otro método), y cuándo no.

GUÍA 6:
CUÁNDO NO SE DEBE USAR PALMAZO O CORREGIR AL NIÑO

CUANDO TÚ COMO PADRE ESTÁS ENOJADO, O ESTÁS CONTROLADO POR UNA EMOCIÓN.

Nunca se debe disciplinar a un niño cuando estamos perturbados o con ira. Esto más bien enseña lo opuesto de lo que lo quieres enseñar: "no hay justicia". Esto crea niños frustrados, rebeldes y violentos. Esto es abusar al niño.

Padres, no exasperen a sus hijos, para que no se desanimen. (Colosenses 3:21)

Si le das un palmazo al niño cuando no lo merece, lo vas a exasperar. Estos Proverbios no son carta libre para abusar de tus hijos. La meta aquí es tener hijos disciplinados y que actúen con justicia, pero el abuso tan solo crea heridas, desórdenes y rebeliones.

Conozco varias personas que recibieron palmazos que les exasperaron. Una mujer me cuenta que la única vez que recibió un palmazo no fue por ver pornografía o decir una lisura; fue por compartir helado de su casa con sus amigas sin pedir permiso. En este caso, la disciplina irregular e injusta enseña que el único valor que tiene la casa es el de ser tacaño.

CUANDO HACE ALGO QUE NO SABÍA QUE ESTABA MAL.

Por eso es tan importante dejar claras las reglas. Si hacen algo donde no dejaste la regla clara, el responsable de la falla eres tú como autoridad, no tu hijo.

Por ejemplo, después de estar en la casa de su amiguita, tu hija aparece con un nuevo juguete.

"Hija, ¿de dónde sacaste esa muñeca?".

"De la casa de mi amiga", responde ella.

"¿Ella te la prestó?", le preguntas.

"No, pero tiene tantos juguetes que no la iba a extrañar".

Allí como padre o madre tienes que intervenir, pero si nunca antes has explicado que el robo es malo, ¿cómo tu hija va a saber que es incorrecto? Entonces, primero le explicas que eso se llama robo, y el robo va en contra de la ley de Dios y los hombres. Si lo vuelve a hacer, le va a caer su merecido castigo. Por ahora le va a tocar devolver el juguete y pedir perdón a su amiguita.

CUANDO HACE ALGO POR CASUALIDAD

Por ejemplo, tu hijo te está ayudando a lavar y secar los platos, y en eso se le cae el plato antiguo de la abuela.

No lo debes castigar por algo que no hizo a propósito. El propósito de la corrección es desarraigar la rebeldía y corregir sus actitudes y acciones, pero en un accidente no hay nada que corregir.

Otra vez, no exasperes a tu hijo para que no se desanime. Cuando se le cae algo, o él mismo se cae, hay que demostrar paciencia, aun si lo que rompió fue muy costoso.

Cuando un vaso de mi hijo se cae o se derrama, le digo "no te preocupes", y le paso un trapo para que él mismo limpie lo que acaba de ensuciar. Así le enseño que no me enojo cuando tiene un accidente, pero sí hay consecuencias con las cuales él tiene que lidiar. Es una buena lección en la vida. A veces los accidentes tienen consecuencias o tienen un precio, como un choque de autos o una equivocación en el trabajo. Aunque tú estás allí para respaldarlo, él tiene la responsabilidad de enfrentarlos.

CUANDO TIENE MÁS DE TRECE AÑOS

A esa edad el joven comienza a pasar por grandes cambios hormonales y mentales. En algunas civilizaciones antiguas, ya casaban a sus hijas más o menos a esa edad. Un niño de trece años internaliza de forma muy diferente un palmazo. No solamente ya no es lo óptimo, sino como parte de la transición hacia la adultez, necesita aprender con otro tipo de consecuencias. A esta edad obviamente lo entienden todo, y para aprender una lección no necesitan un golpe al instante como si fuera un pequeño. A esta edad –y de hecho desde antes– en forma de transición, se puede comenzar a introducir un castigo de plazo mediano.

Por ejemplo, lo que le puede doler mucho más es quitarle un tiempo el celular, el uso de Internet o del televisor, las salidas con los amigos, o aumentar sus quehaceres en la casa. Un niño pequeño no puede hacer la correlación entre su pataleta de la semana pasada y tener que barrer la casa hoy. Por ende, es ineficiente la corrección a mediano plazo. Pero un adolescente o preadolescente, sí puede hacer esa distinción.

La disciplina de quitar privilegios fue la más eficaz para mí en la adolescencia. De hecho, me acuerdo de haber rogado a mis padres que me dieran un palmazo (que dicho sea de paso, ya no me dolía) en vez de quitarme una salida con amigos.

Con ese tipo de disciplina, uno como padre tiene que ser muy disciplinado. No puedes decirle que le vas a quitar una semana de televisión para simplemente cansarte a media semana y devolverle el control remoto. Como padre o madre, tu palabra tiene que ser TU PALABRA; que ninguna circunstancia difícil, ni ninguna cantidad de lloriqueos la pueda cambiar. La carga tampoco puede ser tan grande que el joven simplemente se frustre o se rebele.

> *Padres, no hagan enojar a sus hijos con la forma en que los tratan. Más bien, críenlos con la disciplina e instrucción que proviene del Señor.* (Efesios 6:4)

Tengan cuidado que no se les pase la mano, y en vez de corregir a tu hijo este termine tan frustrando y enojado, que se rebele contra ti y contra Dios. Tienes que buscar un balance y pedir muchísima sabiduría de parte de Dios para no equivocarte en ser ni demasiado estricto, ni demasiado permisivo.

GUÍA 7: ¿CUÁNDO SE DEBE CORREGIR AL NIÑO O NIÑA?

CUANDO DESOBEDECE A PROPÓSITO UNA REGLA CONOCIDA

Si tu hijo tira el plato a propósito, es un caso MUY diferente de si se le cae por casualidad. Si un niño se tira al piso para hacer un berrinche, hay que corregirlo. Jamás permitas que en la casa ni en la calle tu hijo se tire al suelo, grite a todo pulmón o golpee a otros o a sí mismo. Cuando actúe así, llévalo lo más pronto posible a un baño o a una habitación vacía, y adminístrale su palmazo.

No es bueno disciplinarlo a la vista de otros, pero no por estar en un lugar público le permitas pataletas. Siempre hay un baño, una esquina o una pared detrás del cual uno puede administrarle un buen palmazo.

A mi hijo mayor a veces le he llevado a sitios donde había pocas personas, y lo único que le preocupaba después era quiénes lo vieron siendo disciplinado, y la vergüenza que sentía. La disciplina misma quedaba en un segundo plano, y perdía eficacia.

SI TE FALTA EL RESPETO A TI

»Honra a tu padre y a tu madre. Entonces tendrás una vida larga y plena en la tierra que el Señor tu Dios te da."[5]

Si tu hijo o hija te faltan el respeto, tienen que ser corregidos. De lo contrario, crecerán rebeldes, y de acuerdo con la Biblia no llegarán a una buena vejez.

¿QUÉ ES UNA FALTA DE RESPETO?

A. Cuando le das una orden a tu hija, por ejemplo, "limpia tu cuarto", y ella te responde: "No, no quiero". Esa es una falta de respeto, y merece una corrección inmediata. Para mí, esto es una falta grave porque es la muestra de una rebeldía abierta.

---

5. Éxodo 20:12

B. Cuando te agrede físicamente; si te pega, muerde o patea.

No importa cuán pequeños son, no hay edad donde esto es permisible.

He visto muchas madres ser muy permisivas en esto. Mientras conversan, su hijo chico de tres o cuatro años, por llamarle la atención, la comienza a golpear o patear con toda su fuerza, y ella sigue la conversación con su amiga como si no pasara nada o, peor, se ríen. Es importante parar ese tipo de comportamiento en nuestros hijos cuando estén chicos, antes de que crezcan y sus golpes ya no sean motivo de risa.

C. Cuando te insulta (por ejemplo, decirte "te odio", "eres estúpido", "eres el peor papá" o "la peor mamá").

La Biblia no puede ser más clara, pero en nuestra sociedad moderna vamos a ver muchos casos en el diario vivir acerca de niños que pegan a sus padres o los insultan hasta con lisuras, a vista y paciencia de todo el mundo. Lo que me da tristeza es que en estos casos muchas veces los padres ni siquiera les dicen "oye, cálmate" o "¿qué te pasa?". Los padres se ríen y tratan de disimularlo como si fuera un chiste.

El problema de un padre que permite ese tipo de abuso y de insulto es que no solamente desobedece la Biblia, sino que enseña que no hay nada de malo en tratar así a su futura novia o cónyuge. El respeto a los padres y a las autoridades ha pasado de moda en la cultura moderna, pero en nuestras casas cultivemos una contracultura de honra y respeto hacia los demás.

> **En nuestras casas cultivemos una contracultura de honra y respeto hacia los demás.**

D. Cuando agrede a otros o a sí mismo.

Ama a tu prójimo como a ti mismo.[6]

No permitas que tu hijo agreda físicamente o verbalmente a otros niños, a otros adultos o a sí mismo. Enséñale a través de palabras, ejemplos y correcciones que no es aceptable maltratar a otros ni a sí mismo. Así le enseñas desde temprano a obedecer el segundo mandamiento más importante de toda la Biblia.

Cuando ha agredido (por ejemplo, ha pegado, pateado o mordido) a otros, después de su palmazo, siempre haz que le pida perdón a esa persona, aun cuando esa persona eres

---
6. Mateo 19:19

tú. También haz que te pida perdón a ti cada vez que rompe una regla.

¿Qué pasa cuando le administras el palmazo y a los cinco minutos vuelve a romper la misma regla? Eso significa simplemente que la consecuencia no fue lo suficientemente dura para cambiar su comportamiento. Entonces, llévalo y dale más fuerte la segunda vez. Si lo vuelve a hacer es porque la consecuencia todavía pesa menos que su deseo para romper la regla. Y no te rindas hasta que el niño se rinda. Cuando te reta enseguida es muy importante que le respondas enseguida.

Es importante ganar las guerras de voluntad. Porque si el niño gana, el día en que es crucial que te obedezca en situaciones como "toma esta medicina que te han recetado", "¡no cruces la calle, viene un auto!" o "no toques esa cocina, está caliente", allí te puede desobedecer y el niño puede sufrir graves consecuencias.

> **El objetivo detrás de la disciplina es llevar al niño a que aprenda a autodisciplinarse.**

El objetivo detrás de la disciplina es llevar al niño a que aprenda a autodisciplinarse. Por ejemplo, si una vez te hizo un berrinche por no haberle comprado un helado y tú rápidamente administraste la vara, la siguiente vez que él quiera un helado y tú le digas que no, él va a recordar la consecuencia del berrinche, y va a tratar de refrenar sus emociones. Nuestra meta con la disciplina, ya sea en forma de vara o de quitar privilegios, es que nuestro hijo aprenda a abstenerse él mismo de hacer lo incorrecto. Un día ese niño va a crecer, va a cumplir sus dieciocho años y va a tomar sus propias decisiones. Así que tenemos que enseñarle a que se autodiscipline para tomar decisiones que tal vez no sean lo más atractivo en el momento, pero a largo plazo traen buenos resultados.

Si no disciplinamos porque nos hace sentir mal la idea de quitarle algo que quiere, entonces el joven nunca va a aprender a refrenar sus apetitos, y la única forma de que no se descarríe totalmente es tomando decisiones por él, pues su conducta no es ni correcta ni sostenible en el tiempo. Tenemos que enseñar a nuestros hijos a tomar buenas decisiones; no acostumbrarlos a siempre tomar decisiones por ellos.

Muchos padres en vez de corregir los malos comportamientos, los refuerzan. Usaré el ejemplo del helado otra vez. El niño quiere un helado, le dices que no. Él te hace un berrinche, y entonces para calmarlo le das el helado. Eso es premiar y reforzar comportamiento malo. Es igual que decir: "Cuando haces un berrinche, te premio con lo que quieras".

> **Padres, presenten un frente unido de autoridad.**

Padres, presenten un frente unido de autoridad. Antes de establecer reglas y sus sucesivas disciplinas, siéntate con tu cónyuge o cualquier otra persona que cuida a tu hijo, y pónganse de acuerdo. No vale de nada que uno imponga reglas, y que el otro vaya en contra. Los niños son muy astutos en ese sentido. Si sienten que, por ejemplo, la mamá es más débil que el papá (o al revés) en cuanto a la disciplina, cada vez que papá los quiera disciplinar, se van y se esconden tras la mamá. No permitan que esto suceda, no interfieras en la disciplina.

Esto es mucho más grave de lo que muchas personas piensan. En el caso que un hijo varón tenga un papá que siempre lo deja salirse con la suya y una mamá disciplinaria, subconscientemente comienza a internalizar este pensamiento: "Los hombres son buenos, las mujeres son malas". Y este pensamiento más adelante podría abrir la puerta a tendencias peligrosas. Funciona también con las niñas que tienen un padre que disciplina y una madre permisiva y propensa a engreír.

Más bien, presentando un frente unido donde papá y mamá están unidos y son consistentes en la disciplina, el niño internaliza este pensamiento: "No son ellos los malos, son mis acciones las que han estado mal".

Otro ejemplo de mostrar un frente unido es cuando le preguntan a mamá si pueden salir, y mamá les responde que no; entonces ya no pueden preguntar a papá. Ellos tienen que saber que ustedes son una sola carne, una sola autoridad que ellos no pueden dividir.

Si hay un tercero, una abuela o tía o nana que cuida al niño, esa persona tiene que respetar tu forma de disciplinar al niño. Al no ser así, si él o ella se pone en tu contra y le dice al niño que lo que tú haces está mal, si es empleada o nana busca un reemplazo lo más pronto posible. Si es un familiar conversa con él o ella, dile que es tu hijo y tú tienes el derecho de criarlo de acuerdo a tus principios y valores. Si aun así se pone en tu contra, saca a tu hijo de esa situación. Llévalo a un centro de cuidado si es pequeño, encuentra una persona que esté de acuerdo con la forma bíblica de criar hijos, o cuídalo tú. Pero no puedes permitir que alguien sabotee el trabajo de la corrección.

Muchas veces nos va a tocar hacer sacrificios por nuestros hijos para asegurarles el futuro. A veces hay que dejar trabajos, viajes u oportunidades. Recuerda que ellos son la prioridad después de Dios y nuestro matrimonio, así que eso debe reflejarse en nuestras decisiones.

ESTRATEGIAS DE CRIANZA PARA LAS ESTACIONES DE LA PATERNIDAD

6

ESTRATEGIAS DE CRIANZA PARA LAS ESTACIONES DE LA PATERNIDAD

Cuando mi primer hijo nació, cambió mi mundo para siempre. Era hermoso y yo estaba perdidamente enamorada de él. Él era un chiquitín que no podía hacer nada por sí solo, y mi esposo y yo solamente le dábamos amor y cariños. Muchas veces me quedaba en vela cargándolo toda la noche si se resfriaba o tenía problemas para dormir. Como muchas otras mamás, muy feliz sacrificaba mi noche, agradecida a Dios por el regalo de mi hijito perfecto.

Pero pasaban los meses, y comenzaba a darme cuenta de que mi hijito no era tan perfecto como parecía. Él comenzaba a tener malas actitudes y acciones. Me mordía, pegaba a un compañerito, y su palabrita favorita era "no". Era un triste descubrimiento, pero es una muestra de que, como dice la Biblia, todo ser humano, desde la caída, nace pecaminoso y necesita ser refinado. Esto va en contra de lo que enseña el humanismo, que dice que nacemos seres perfectos, y si somos violentos o malos es porque alguien primero fue violento o malo con nosotros. Déjame asegurarte que cuando mi primer hijo nació, jamás vio a alguien morder a otro, pero se le ocurrió morderme. Jamás vio a alguien pegar a otra persona, pero pegó. No escuchaba gritos en la casa, pero él gritó. Si tienes hijos, lo más probable es que has tenido una experiencia similar.

Entonces, nos damos cuenta de que nuestros hijos necesitan guía y refinamiento, y hay que ser sabios a la hora de aplicarlos. A veces necesitan una mano dura, otras veces una mano suave; hay que formular una estrategia. Comenzaría buscando mi estrategia de rodillas, pidiendo sabiduría de parte de Dios para mi situación. En este capítulo les voy a enseñar nuestra estrategia como familia, la que ha usado mi familia por generaciones para refinar, corregir y disciplinar a nuestros hijos en sus diferentes etapas.

Igual como tu hijo va creciendo y madurando mientras quema las etapas de su vida, tu estrategia de guiarlo también debe ir cambiando. No debes tratar a un niño de dos años igual que a uno de doce años, o a un adolescente de doce, como a un adulto de dieciocho. Por ejemplo, en varias oportunidades he visto mamás con niños de tres años, dejándolos despiertos hasta las once de la noche porque todavía no "quiere" dormir el niño. Un niño de tres años aún no tiene la capacidad de razonamiento para fijar su propio horario de sueño; tiene que ser fijado por el padre.

Recuerdo que en otra oportunidad presencié a una madre cortar la carne en el plato de su hijo de TREINTA años, como si tuviera tres. No podemos tratar a nuestros hijos de la misma forma toda la vida, sino tiene que haber una evolución en la forma en que los guiamos para dejarles el espacio correcto para crecer.

La mayoría de los padres nunca se ponen a pensar en cuál estrategia de crianza deberían usar para las diferentes etapas de las vidas de sus hijos. Algunos usan la misma estrategia todo el camino, por ejemplo, siempre son estrictos o siempre son libertinos. Los bastante estrictos, sin nunca dejar respirar al niño, hacen que tarde o temprano el niño se quebrante y lo más probable es que se rebele. Ser permisivo y libertino desde siempre, crea un niño que es violento con los demás, que no respeta a ninguna autoridad y que no necesita rebelarse, porque ya hace todo lo que le da la gana.

Una forma de criar que veo en muchas familias es ser muy permisiva cuando el niño es pequeño, y luego tratar de ser estricto cuando llega a la adolescencia. Es la receta perfecta para preparar la rebeldía, y los resultados son más que lamentables. Funciona así porque si enseñas al niño desde pequeño que se puede salir con la suya, que su pecado y sus travesuras son graciosas, en el momento que dejas de reír y quieres corregir, va a ser muy tarde. Se va a enojar contigo, y va a querer rebelarse contra las nuevas reglas.

¿Cuál estrategia propongo? Una basada en la Biblia, que funciona de la siguiente manera: cuando el niño es pequeño, enséñale el buen camino y rigurosamente haz que camine en él. A medida que vaya creciendo, ve soltando la cuerda dándole cada vez más responsabilidades y libertades, de acuerdo a su madurez y obediencia, hasta que camine solo.

Mis padres pusieron esa estrategia en práctica, y yo y mis tres hermanos tenemos trabajos estables, matrimonios estables, somos dueños de nuestras propias casas y, lo más importante, estamos sirviendo al Señor. ¡Ojo! El amor, la motivación, la oración y el cariño son constantes. Nunca se quitan a lo largo de la vida de tu hijo, pero la disciplina va cambiando, madurando hasta desaparecer. Ahora veremos cómo va cambiando.

GUÍA 8:
ESTRATEGIAS SEGÚN LAS ESTACIONES DE PATERNIDAD

ESTACIÓN 1: DISCIPLINAR (0-5 AÑOS)

Disciplina tu hijo y te traerá tranquilidad; te dará muchas satisfacciones. (Proverbios 29:17 NVI)

Esta etapa es cuando el niño tiene de 0-5 años. Es una etapa donde hay que estar pendiente del niño constantemente, y es de bastante trabajo y disciplina. Hay que poner horarios, amar, alimentar, bendecir, enseñarle a ir al baño, pero, sobre todo, es un tiempo de enseñar y hacer cumplir las reglas de la casa.

Esta es la etapa más intensa. Es aquí donde el niño o la niña comienzan a probar los límites y a tratar de imponer su propia voluntad. Padres inseguros o inexpertos le permiten al hijo hacer barbaridades bajo pretextos baratos parecidos a los siguientes: como es niño, es fuerte; como es niña, no hay que pegarle; como es tan pequeño, me da pena corregirle; qué gracioso ese berrinche; todavía no va a entender lo que es disciplina… Pero nunca hay un buen pretexto para desobedecer la Palabra de Dios.

Disciplina a tus hijos mientras haya esperanza; de lo contrario, arruinarás sus vidas. (Proverbios 19:18)

Mientras estén pequeños, aprovecha en enseñarles a vivir una vida disciplinada. Es difícil porque, como mencioné anteriormente, todos nosotros nacimos con un cuerpo carnal que quiere pecar, y esa carnalidad comienza a manifestarse desde la infancia. Se ve cuando a un niño no le dan lo que quiere y se pone rojo y grita, o cuando está a punto de hacer una travesura como pegarle a la hermana y pone una cara terrible. ¿Han visto esa carita alguna vez? Yo no entiendo cómo las personas pueden decir que los niños son inocentes; no lo son. Tal vez no han aprendido todavía a pecar en cosas tan grandes como tú y yo, pero el pecado que está a su alcance, lo cometen.

Esta es una etapa de comenzar a formar su carácter. Hay que enseñarles cómo es que se vive en esta casa, mostrando lo que es permitido y lo que no.

No es la etapa en que ellos toman las decisiones de sus vidas, no es la etapa en que tú como padre eres solo el amigo y consejero. Esa etapa vendrá, pero no es ahora. El problema que veo en muchas casas es que en esta etapa, cuando deberían estar disciplinando a sus hijos, los dejan tomar sus propias decisiones como a qué horas se van a dormir, y quieren ser el amiguito de su hijo. Quieren que el hijo sea el rey, que la hijita sea la reina, y piensan que así van a ser felices.

Yo nunca he visto una casa donde en niño está al mando y todos están felices. Hasta el niño está infeliz, porque hay inseguridad en la casa, todo depende de él y él no sabe qué hacer. Tú como madre o padre tienes que tomar la autoridad, y decir "hoy nos vamos a la casa de la abuela"; en lugar de preguntar "¿hoy quieres ir a la casa de la abuela?"; y cuando dice que no, te pones luego a rogarle que vaya. El niño tiene que aprender a seguir tus órdenes, no tus ruegos.

ESTACIÓN 2: CORREGIR (6-12 AÑOS)

El hijo sabio atiende a la corrección de su padre, pero el insolente no hace caso a la reprensión.

(Proverbios 13:1 NVI)

Esta es una etapa en la que enseñas y corriges. Si has disciplinado bien a tu hijo durante los primeros cinco años de vida, cada vez las correcciones serán menos. Es una etapa para supervisarlo, pero ya no tienes que estar detrás de él disciplinándolo a cada ratito. Es una etapa de enseñar los principios bíblicos, de explicarle más a fondo su rol dentro de la familia y el rol de cada miembro. Papá trabaja y provee, mamá trabaja y cuida los hijos, los niños obedecen a sus padres, estudian con empeño, y todos ayudan con los quehaceres de la casa.

En esta etapa hay que cuidar bastante lo que es la actitud del hijo al hacer las cosas. Ellos ya saben lo que deben hacer, pero si no lo hacen con la actitud correcta, igual es rebeldía. En esta etapa, explícales cuál es la actitud que esperas de ellos al escuchar una orden o al cumplir con ella. La actitud es tan importante como obedecer la orden.

Por ejemplo, si tú le dices que limpie el cuarto te deberían contestar "sí, mamá", con un tono positivo, no con un tono que suene a queja: "yaaaaa, mamáaaaa". Lo primero es lo único que puedes aceptar, mas lo segundo debe ser corregido.

Tú enseñas a tu hijo cuál tono puede usar contigo y cuál tono no puede usar. Hay niños que en esta etapa comienzan a maltratar a sus papás con palabras, y los papás lo aceptan bajo el pretexto de que "es solo una etapa" o "está molesto". Está bien que se moleste, pero la Palabra dice: *"Si se enojan, no pequen"*.[7] En otras palabras, pueden enojarse, pero no pueden usar el enojo como una excusa para deshonrar a sus padres. Eso es pecado.

> *Al que maldiga a su padre y a su madre, su lámpara se le apagará en la más densa oscuridad.*
>
> (Proverbios 20:20 NVI)

Bajo ninguna circunstancia tu hijo te puede decir "te odio", "eres lo peor" o "quiero que mueras". Ni en mis sueños más locos yo me hubiera atrevido a decir alguna de esas frases a

---

7. Efesios 4:26 (NVI)

mis padres, pero tuve amigos que se lo decían a sus padres con frecuencia. Esas escenas para mí eran sumamente chocantes, pero los padres de esos niños en vez de corregirlos, lo disimulaban. Así eran cómplices de la muerte espiritual de sus hijos.

Hay que enseñar a nuestros hijos, con mucho amor, cuál es la actitud que se debe adoptar frente a todo tipo de situaciones. Cuando están jugando y gana el amigo, enséñale a felicitar al otro niño con una sonrisa. Cuando es tiempo de irse de un lugar divertido, lo natural es que te lloriquean, pero a mis hijos les enseñé que si me lloran, no los vuelvo a llevar ahí. Les digo: "¿Para qué traerlos aquí si solo me van a llorar, entonces no les gustó?". Así ellos saben que si quieren volver a algún sitio que les gustó, tienen que agradecerme con una buena actitud al salir.

Enséñales a dirigir sus emociones y no ser dirigidos por sus emociones.

Decirles a tus hijos no tan solo lo que tienen que decir, sino cómo lo tienen que decir, es muy importante. Enséñales a dirigir sus emociones y no ser dirigidos por sus emociones, una habilidad que les va a servir para el resto de su vida. Hay muchos adultos que nunca aprendieron esa lección y se meten en líos tremendos con profesores, jefes, novios, árbitros, policías y familiares por no poder dominar sus emociones.

ESTACIÓN 3: INSTRUIR (DE 13-18 AÑOS)

Instruye al niño en su camino, y aun cuando fuere viejo no se apartará de él. (Proverbios 22:6 RVR 60)

Si hay alguna etapa cuando tenemos que pasar tiempo con nuestros hijos es en esta etapa de la adolescencia. Por desgracia, en la mayoría de las familias esta es la etapa en que menos tiempo pasan con sus hijos. Los hijos están tan comprometidos con los estudios, los deportes y los amigos, que los padres pasan muy poco tiempo de calidad con ellos. Luego los padres se preguntan por qué sus hijos están tan rebeldes, o se rascan la cabeza preguntándose "¿en qué momento se descarrió mi hijo?". La respuesta es "en uno de los muchos momentos cuando tú no estabas". Cuando un adolescente comienza con ciertas travesuras, puede ser que simplemente esté buscando cautivar tu atención. Así que haz un doble esfuerzo en esta etapa de buscar pasar tiempo con tu hijo.

Llévala de compras, llévalo al concierto, llévala al cine, llévalo al partido. Escápate un fin de semana de campamento o a la playa con tu adolescente. Muchos soñamos con los viajes que haríamos con ellos de niños, y poco soñamos con viajar con ellos de adolescentes. Sé intencional en buscar conectarte con tus hijos en su adolescencia. Investiga cuáles son sus gustos, y sorpréndelos con detalles de acuerdo con esos gustos. No les obligues a tener tus mismos gustos en el arte, el cine, la música o el deporte. Papá, aunque preferirías ir al dentista que al ballet, lleva a tu hija al ballet, si eso es lo que le gusta. Mamá, si a tu hijo adolescente le gustan los autos, aunque te parezca el lugar más aburrido, llévalo a una exposición de autos. Busca lugares de conexión con ellos en sus gustos.

> **Sé intencional en buscar conectarte con tus hijos en su adolescencia.**

INDEPENDENCIA

Esta es la etapa en que enseñas al joven cómo vivir de forma independiente, y le das oportunidades para hacerlo. Por ejemplo, si te toca renovar el permiso para conducir, llévalo contigo y enséñale cómo se hace el trámite. Si tienes que pagar la cuenta de la luz, dale el recibo y la plata, y acompáñalo para que él la pague. Enséñalo cómo reponer la llanta o cambiar el aceite de un auto. Muchos niños llegan a la adultez sin saber hacer las cosas básicas de la vida.

Cuando cumplí 16 años, fuimos de viaje con mi familia. Mis padres me entregaron los boletos aéreos y yo tuve que buscar el mostrador de la aerolínea para hacer el *check-in*, luego ir a las pantallas, buscar el número de vuelo y encontrar nuestra puerta de salida. Al año siguiente, mis padres no tuvieron temor de mandarme sola en un avión porque ya me habían enseñado cómo hacerlo.

Yo soy de la idea que tanto jovencitos como jovencitas deben aprender quehaceres básicos del hogar como lavar ropa, planchar, limpiar, cocinar, etc. Cuando salgan de la casa, esas habilidades les van a servir un montón. ¡Tu futura nuera o futuro yerno te lo va a agradecer! Enséñales a trabajar y dales responsabilidades que estén dentro de sus capacidades para cumplir.

En la etapa de la adolescencia también tenemos que sentarnos con nuestro hijo o hija y explicarles las finanzas. Debemos hablarles acerca del ahorro, cómo funcionan las tarjetas de crédito, por qué uno no debe endeudarse por cosas no necesarias. Hay que explicarles cuánto realmente terminan gastando si compran algo a crédito. Ayúdalos a abrir una cuenta bancaria en conjunto contigo, y enséñales cómo usarla.

MATRIMONIO Y RELACIONES SEXUALES

En esta etapa hay que conversar profundamente con tu adolescente sobre el matrimonio, las relaciones sexuales y su futuro. En años anteriores habrás mencionado y explicado de una forma sencilla lo que son las relaciones sexuales, pero ahora hay que ser más directos a la hora de explicar de qué se trata y qué pasa si salimos del plan de Dios para las relaciones sexuales.

Dentro del matrimonio, las relaciones son buenas, pero fuera hay muchos riesgos y peligros, desde enfermedades y embarazos inesperados hasta corazones profundamente dañados.

También hay que dejar la puerta abierta para preguntas y decirles: "Si alguna vez tienes una pregunta sobre las relaciones sentimentales o sexuales, pregúntame nomás. No te voy a avergonzar, te lo voy a explicar". Esto es bueno porque si tú no permites que te pregunten cosas sobre el sexo, ellos irán con sus curiosidades a otro lugar, a sus amigos o a la Internet, y la respuesta que encontrarán no será la misma. No te sorprendas con esto, ellos ya saben mucho más de lo que tú crees que saben.

En cuanto a la selección de pareja para el matrimonio, ya en esta etapa es importante explicarles que no se trata de que se decidan por cualquier cristiano o cristiana, según el género de tu hijo, sino que la persona que escojan para casarse tenga un llamado similar al suyo. Ambos deben tener una visión de vida en común para que se apoyen mutuamente, y promuevan su liderato para hacer la obra que están llamados a hacer.

Durante esta etapa, vas desarrollando una amistad cada vez más de amigo consejero, y cada vez menos de líder absoluto. Sí tú quieres seguir tratándolo como niño pequeño, él no va a sentir la libertad de contarte sus luchas y tentaciones, y entonces no vas a poder ayudarle a navegar a través de las aguas peligrosas de la adolescencia.

En cuanto a aplicar disciplina, todo lo que ellos tienen que no es de primera necesidad, es un privilegio que puede ser quitado en caso de portarse mal. Conozco un padre de adolescentes que cuando estaban en "disciplina" no podían usar su ropa ni zapatillas de buena marca; solo lo económico. Otro papá que conocía, removió la puerta del cuarto de su hija, diciendo que ella había perdido el privilegio de su puerta. Aunque es extrema esa medida, la usaría en un caso extremo, por ejemplo, si encontrara a un hijo viendo pornografía o cortando sus brazos para suicidarse. El chico pierde el privilegio de la privacidad si usa esa privacidad para hacerse daño.

SUICIDIO

Tener pensamientos de suicidio es un problema más común de lo crees entre los adolescentes. Yo iba a un colegio cristiano, y un día, cuando tenía quince años, llego a mi clase de historia y algo interesante pasó. El profesor en vez de comenzar la clase normal, como hacía todos los días, dijo: "He sentido de parte de Dios, en vez de dar la clase, hablarles sobre el suicidio. ¿Cuántos de ustedes han tenido pensamientos de suicidio?". Nunca me voy a olvidar de lo que vi ese día. Las manos de todos los jóvenes menos dos, se levantaron. Esa clase, llena de hijos de cristianos, hijos de matrimonios bien constituidos, provenientes de una clase económica privilegiada, lucharon con el suicidio.

Si crees que tu hijo está luchando con el suicidio, primeramente edúcate en el tema. Segundo, ten conversaciones abiertas con tu hijo, mira si hay alguna raíz como el *bullying*, la culpabilidad, el rechazo de un novio, etc. Tercero, extiende a tu hijo la gracia necesaria para salir del problema. No es el tiempo de atacarlo por equivocaciones pequeñas. Extiéndele gracia y ayúdalo a superar su depresión. Sé un apoyo emocional y sobre todo, permanece allí. No salgas de viaje, ni trabajes ni una hora extra, sino quédate a disposición de ese hijo hasta que salga de su crisis. Invierte en llevarlo a un consejero o psicólogo cristiano. Ora y ayuna como nunca has hecho antes, y confía en que Dios te dará la victoria.

DISCIPLINA

Como la disciplina que mencioné en el capítulo titulado "La Constitución", antes de cualquier disciplina o cambio de disciplina, hay que sentarse en un buen momento y conversar con el niño. Por ejemplo, cuando llegue a los trece hay que tener una conversación explicándole cómo está creciendo, madurando, convirtiéndose en adulto, y cómo las consecuencias de sus acciones van cambiando. Por ejemplo, ahora si le contesta mal a su madre o padre, le quitaremos el poder jugar videojuegos, o si trae malas notas, le quitamos el poder salir con los amigos un tiempo, y que utilice el tiempo estudiando.

Le puedes quitar una variedad de cosas, pero, padres cristianos, por favor, nunca le quites el poder ir a la iglesia, su grupo de jóvenes, su estudio bíblico. Igual como jamás quitarías los alimentos por ser una necesidad física, jamás deberías quitar su alimento espiritual. Acuérdate, la iglesia es tu aliado en la crianza de tus hijos. No hay mejor lugar donde tu hijo puede encontrar un buen consejo, una buena enseñanza o una palabra de ánimo, que en la iglesia o sus ministerios.

Antes de mencionarles a tus hijos las medidas de disciplina, diles qué es lo que esperas de ellos. Diles que esperas buenas notas en los estudios. Sé específico, pero razonable en el rango deseado. Mis papás siempre me decían que apuntara al mejor rango (puro A en mi país), pero que intentara lo más que pudiera, y si me había esforzado todo lo que podía, aún si estuviera en el último puesto de mi promoción, estarían orgullosos de mí.

Con ese espacio de gracia, mis hermanos y yo siempre llegábamos a los puestos más altos de la clase, y yo me gradué en el segundo puesto en mi promoción. Ahora, no todos los niños tienen la misma capacidad. Pide lo mejor que crees que él o ella puede alcanzar dentro de sus posibilidades. Anímalo y ayúdalo siempre, pero acuérdate que más importante que sacar el primer puesto de la promoción, es que desarrolle hábitos saludables de estudio que un día se convertirán en buenos hábitos de trabajo. Como por ejemplo, que ni bien anuncien un proyecto, lo comience a trabajar, y no lo deje todo para el último día.

Dile también a tu hijo que esperas que él sea intencional en buscar amigos que tengan un efecto positivo en su vida, que cumpla con alguna ayuda específica en la casa, y que mantenga una higiene corporal decente.

ESTACIÓN 4: ACONSEJAR

LOS 18 AÑOS EN ADELANTE

Escucha el consejo, y recibe la corrección, para que seas sabio en tu vejez. (Proverbios 19:20 RVR 60)

Ya no se puede mandar al hijo, sino aconsejarlo con sabiduría. Él ya no tiene que obedecerte, pero sí honrarte. No lo manipules, sino permite que tome sus propias decisiones. Es un tiempo de fomentar una amistad, de tal forma de que, aunque ya no tiene que obedecerte, haya aprendido a valorar tanto tu consejo que lo busque a la hora de tomar decisiones de estudios, finanzas o sentimientos.

Ahora, si vive bajo tu techo (y tú sostienes financieramente esa casa), tiene que respetar como cualquiera que entre en tu casa, las "reglas" de la casa. Como por ejemplo, no fumar, no hacer bulla después de cierta hora, no decir lisuras. Si no le gusta, que busque otro lugar donde vivir.

Al cumplir la mayoría de edad, ayúdalo y enséñalo a tomar sus propias decisiones. No trates de controlar a tu hijo quitándole la herencia o el habla. Simplemente acepta el hecho que tu pequeño ha crecido y tu rol ya no es de controlar ni disciplinar, sino de ser consejero sabio y ejemplo digno de ser imitado.

En cuanto a los estudios después del colegio, si los vas a pagar tú, entonces tienes derecho a pedir algo a cambio. Por ejemplo, puedes pedir que mantenga sus notas por encima de cierto nivel determinado. Tal vez si reprueba en un curso, se lo tiene que pagar él la segunda vez que lo va a tomar. Otra alternativa es darle hasta cierta fecha para terminar la carrera.

En cuanto a la decisión de qué va a estudiar, creo que es importante que sea el estudiante y no el padre quien tome esa decisión. Como pastora de jóvenes, vi muchos hijos estudiando carreras que odiaban, tan solo porque los padres no sustentarían otra carrera. Es una pérdida de plata hacer que un hijo estudie una carrera que jamás va a practicar. No caigas en la trampa de querer cumplir sueños propios a través de tus hijos. Permite que tus hijos cumplan sus propios sueños.

> **No caigas en la trampa de querer cumplir sueños propios a través de tus hijos. Permite que tus hijos cumplan sus propios sueños.**

Si eres tentado a ser un padre que toma las decisiones por su hijo adulto, recuerda que Dios no es un padre dictador. Él nos dio el regalo sagrado del libre albedrío que jamás nos quitará. Si hiciste tu trabajo cuando el niño era pequeño, de amarlo, disciplinarlo, equiparlo para la vida e instruirlo en el buen camino, entonces tienes la promesa *"de que aun cuando fuere viejo no se apartará de él"*.

ESTRATEGIAS CONTRA PELIGROS EN LA ADOLESCENCIA

7

ESTRATEGIAS CONTRA PELIGROS EN LA ADOLESCENCIA

Hace poco leí un artículo sobre la estrategia que tienen los pedófilos para enamorar a los niños adolescentes a través de las redes sociales y convencerles de que se fuguen de la casa con la intención de raptarlos y violarlos. Su red favorita es el Snapchat, porque todo se va borrando, tanto sus mensajes a los niños como las fotos que los niños les mandan.

Muchas veces el pedófilo usa apodos aniñados en las redes como "besitos14" o "fresita" para convencer al adolescente de que es otro adolescente, y así entrar en confianza. Le comienza a llenar el tanque emocional del adolescente con elogios, y el joven, o la joven, desarrolla un lazo emocional muy fuerte con el depredador. Luego pide conocerlos personalmente en un lugar desolado, sin cámaras de seguridad. A veces tiene un encuentro sexual y deja que el niño regrese a su casa. A veces es un encuentro donde le regala un celular para poder comunicarse secretamente con el niño o la niña. Trata de convencer al niño de ser fiel a ellos, no contando a nadie su "amor secreto".

Por otro lado, la comunidad homosexual tiene también su estrategia de usar la moda, las películas, los programas de televisión y los medios para que los adolescentes los vean como lo más *cool*, y quieran ser como ellos.

Los vendedores de drogas también apuntan a los adolescentes. Primero se paran en las esquinas de la calle frente a un colegio y tratan de hacer amigos con los estudiantes, ganando su confianza. Luego comienzan regalándoles un poquito de droga, como un anzuelo. Cuando el adolescente pide más, allí sí le cobra.

Hace poco un joven proveniente de un sector del mundo donde existe terrorismo, me contó cómo las células terroristas encuentran presa fácil entre los adolescentes sueltos. Le daban una cierta ropa, tenía que peinarse de cierta forma, y hasta tenía que caminar de cierta manera. En pocas palabras, le daban la identidad que le faltaba. Aprovechaban su pasión y su ira, y lo dirigían hacia otro sector a través de la violencia.

¿Tú tienes una contra estrategia para guiar a tu hijo adolescente al éxito?

Claramente el enemigo tiene una estrategia para destruir a tu hijo adolescente. Mi pregunta es: ¿Tú tienes una contra estrategia para guiar a tu hijo adolescente al éxito? Creo que la época en que los padres solamente cruzaban los dedos mientras su hijo era adolescente y esperaban que no se metiera en problemas, ya pasó.

Miren, los envío como ovejas en medio de lobos. Por lo tanto, sean astutos como serpientes e inofensivos como palomas. (Mateo 10:16)

Estamos viviendo en tiempos en que tenemos que ser astutos en la forma en que cuidamos de nuestros hijos. Entonces, propongo una estrategia multifacética para defender a nuestros adolescentes por aire, mar y tierra.

GUÍA 9:
CÓMO PROTEGER A TU HIJO ADOLESCENTE

1. TEN UNA ESTRATEGIA DE ORACIÓN (AIRE)

La oración no es tu último recurso, sino el primero. Me encantó la película "Cuarto de Guerra" cuando explican cómo hay que tener una estrategia y un plan específico para orar. Haz una lista de cosas específicas. Ora por sus amigos, sus clases, sus tiempos, sus sueños. Estate pendiente de las horas cuando llega y se va. Cuando todo parece estar bien, sigue orando. Si sientes suspicacia sobre algún comportamiento o amigo/enamorado de tu hijo o hija, pide que Dios te revele y descubra las intenciones de otros, así como todo pecado oculto.

> **La oración no es tu último recurso, sino el primero.**

Cuando yo era adolescente, tuve algunos acercamientos al mundo, pero gracias a Dios mis padres oraban mucho por mí. Un día, la primera y última vez que les había mentido acerca de donde estaba, les dije que iba a la biblioteca cuando en realidad fui al cine. Mi padre llegó a la casa en la tarde después de trabajar y se puso a orar por mí. Dios le dijo que fuera al centro comercial, y que se sentara en la mesa más alejada de un café, para tomar algo. Fue un mandado raro de parte de Dios, pero mi padre obedeció.

En ese restaurante, las mesas más lejanas quedaban justo a la salida del cine. Cuando salí del cine, no podía creer que mis padres (que rara vez salen a comer) estaban sentados en una mesa viéndome salir del cine. Después de ese evento, me castigaron con no poder salir un tiempo. Pero si no hubieran orado por mí a esa hora, no me hubieran agarrado. Si no me hubieran agarrado, tal vez yo hubiera vuelto a mentir y a salir a escondidas, y tal vez no estaría donde me encuentro hoy.

Cuando sientes que tu pasión por la oración baja o se te acabaron las ideas sobre qué orar, escucha charlas sobre la oración, lee libros sobre la oración. Recomiendo "El poder de los padres que oran"[8] por Stormie Omartian, y "Oración ferviente" de Priscila Shirer.[9] Pero no caigas en la trampa de bajar los brazos y dejar de cubrir en oración a cada uno de tus hijos.

---
8. Unilit, 10 de julio de 2007.
9. B&H Español, 1 de noviembre de 2015.

2. CULTIVA UNA BUENA COMUNICACIÓN CON TU ADOLESCENTE (TIERRA)

El primer paso del enemigo para conquistar un adolescente es meter una cuña entre padres e hijos. Usa ofensas presentes o pasadas, y las trae a la memoria del joven para alejar al padre del hijo, destruyendo la buena comunicación. En toda guerra, un objetivo del enemigo es cortar la comunicación del otro lado, sabiendo que si están incomunicados, en otras palabras, divididos, serán fáciles de vencer.

Por ejemplo, si un equipo de infantería en una marcha se enfrenta inesperadamente con fuego de artillería del otro lado, pueden usar su radio y pedir que vengan los aviones a bombardear delante de ellos para abrir camino. ¿Pero qué pasaría si en la mañana en el desayuno el capitán del equipo de la infantería se peleó con el general de la fuerza aérea? Más adelante en el día, cuando el capitán entre en batalla, no va a llamar al general aunque le cueste la vida, ya sea por orgullo o por temor.

Recuerdo que cuando era adolescente, me metí a veces en unos problemas graves, pero por temor no llamaba a mis padres para que me vinieran a rescatar. No teníamos una buena comunicación, entonces algunas veces me quedaba en situaciones potencialmente peligrosas porque más temía al castigo de mis padres que al propio peligro. Por ejemplo, una vez una de mis mejores amigas del colegio me invitó a su fiesta de cumpleaños y posteriormente a su casa para pasar la noche. Sus fiestas de cumpleaños anteriores habían sido bastante tranquilas con puras niñas, pero ese año había invitado chicos. No quería quedarme, pero por temor a que me castigaran por encontrarme en un lugar así, no llamé a mis padres para pedir que me recogieran.

Esa es una de las cosas que yo quiero cambiar en la crianza con mis hijos. Yo les invito a que me cuenten todo. Tengo algunas reglas de la comunicación con ellos:

1. Si por cualquier motivo se encuentran en un lugar donde no se sienten bien, me pueden llamar y los recojo sin castigo.

2. Si han hecho algo malo o cometido algún pecado, pero ellos me lo confiesan antes de yo me entere por otro lado, el castigo será bastante leve.

Busca activamente una buena comunicación con tu hijo; que te cuente quiénes son sus amigos, qué es lo que más les gusta hacer y cuáles son sus series favoritas de Netflix. Quédate viendo sus series y aprende a jugar sus videojuegos favoritos porque eso les da un gusto en común. Mientras más gustos en común, mejor fluye la comunicación. Comienza la conversación hablando de *minecraft*, pero una vez abierta la puerta de la comunicación, puedes hablar de cualquier tema.

Nunca pienses que ver una película que le guste a tu hija o jugar un videojuego con tu hijo es una pérdida de tiempo. Primeramente, el tiempo pasado con tu hijo nunca es tiempo perdido y, segundo, estás invirtiendo en tener una mejor comunicación. Muchos padres pierden la conexión con sus hijos cuando pasan por la adolescencia, así que trabaja muy intencionalmente para mantener abiertas todas las líneas de comunicación posibles.

3. CONFIANZA (MAR)

La confianza es el tendón de Aquiles de las relaciones con adolescentes. Tal vez en toda su niñez la niña fue muy honesta y abierta con sus padres, pero comienza la adolescencia y muchas veces comienzan las mentiras.

En la etapa de la adolescencia el diablo ataca la confianza que tiene el hijo adolescente con sus padres. Cada vez que tú como padre tratas de imponer una regla, o le dices que tiene que llegar a la casa a cierta hora, el enemigo le susurra al joven que tú no confías en él. Cuando le dices que no puede ir a una fiesta, el diablo le murmura que no lo amas, que no quieres que se divierta.

Es la misma mentira que la serpiente le vendió a Adán y Eva: "Mejor no obedezcan a su padre porque Él no quiere lo mejor para ustedes". Esa mentira es un atentado contra la confianza que tiene el joven en su padre, porque la raíz de esa mentira es temor. Es un temor de que en el fondo más profundo de su corazón, "tu padre no te ame tanto como se ama a sí mismo". Bueno, ¿cómo se echa fuera un temor?

> *En esa clase de amor no hay temor, porque el amor perfecto expulsa todo temor. Si tenemos miedo es por temor al castigo, y esto muestra que no hemos experimentado plenamente el perfecto amor de Dios.*
>
> (1 Juan 4:18)

El amor echa fuera todo temor. Si queremos echar fuera todos los temores sembrados por el enemigo en el corazón de nuestros hijos, tenemos que ser más intencionales que nunca en demostrar nuestro amor incondicional hacia ellos. Yo fui pastora de jóvenes por diez años, y déjame decirte que la mayoría de los jóvenes, aún de casas cristianas, temen de verdad que sus padres no los amen. En la casa solo hay peleas, discusiones y riñas.

Yo entiendo que con adolescentes en la casa hay muchas razones para estar peleándose, pero siempre después de una discusión tienes que afirmar tu amor por tu hijo o hija. Dale un abrazo. Míralo a los ojos y dile cuánto lo amas, cuán orgulloso estás del hombre o de la mujer en el cual, o la cual, se está convirtiendo.

Busca algún detalle que sería importante para ellos cuando toca dar regalos; que no sea un regalo genérico, sino algo que ellos mencionaron hace mucho tiempo. Si tienes la oportunidad, llévatelo de viaje contigo, solo ustedes dos. Cuando ya has separado tiempo con él, no dejes que ningún cliente o jefe te quite ese tiempo. Me acuerdo que mi papá agendaba nuestro tiempo juntos en su agenda del trabajo como una reunión con una persona VIP, para que por ese rato, nadie le molestara. Eso me hizo sentir importante, porque tuve preferencia por encima de sus clientes millonarios.

Busca conquistar el corazón de tu hijo, y trabaja y persevera recordando que hay una cola de personas, las personas que mencioné al inicio del capítulo, que vienen después de ti si fallas. Aún si fallas y otro logra conquistar su corazón, nunca dejes de orar por tu hijo y nunca dejes de amarlo. Ámalo de tal forma que no dude nunca de tu amor por él o ella, y cuando toque fondo como el hijo pródigo, sabrá que lo estarás esperando con los brazos abiertos.

> **Nunca dejes de orar por tu hijo y nunca dejes de amarlo.**

CONSEJOS ADICIONALES

A. **Dar cariños físicos.** Sus cuerpos están muy sensibilizados por los cambios hormonales, y necesitan toques sanos. Abrázalos, ráscales sus espaldas, si es niña ayúdale suavemente a arreglar el cabello. Agárralos de la mano o del brazo, acaríciatos. Ellos tienen la necesidad de recibir cariños y si no reciben toques tuyos, los van a buscar en otro lado y no van a ser toques sanos. Muchos padres les dan harto cariño al pequeño, pero le quitan el toque al grandote. No le quites el toque sano y cariñoso.

B. **Cuando converses con ellos, míralos a los ojos.** Los adolescentes están pasando por cambios cerebrales muy fuertes. En esta edad, el cerebro deja de crecer y comienza a cambiar. Recibe un baño de hormonas que cambia las conexiones haciendo difícil la tarea de concentrarse. Así que cuando converses, háblale a los ojos, y repite las cosas si es necesario, sin molestarte.

C. **Dales palabras de afirmación.** En esta edad comienzan a preguntarse a sí mismos, quiénes son. Puede ser que reciban insultos fuera de la casa y necesitan que alguien les diga: "Te amo, estoy orgulloso de ti. Eres un buen hijo. Eres una buena estudiante, eres inteligente, eres bella o eres guapo".

D. **Confirma su adultez y sexualidad.** En un mundo que confunde los sexos cada vez más, celebra una reunión de familiares y amigos donde se declare que tu hijo o hija ya no es niño o niña, sino que es mujer u hombre. Cuando están pasando por problemas, hazlos recordar que ya no son niños, sino hombres o mujeres.

Los judíos hacen a todos los adolescentes una fiesta cuando cumplen 13 años. Si son mujeres se llama Bat-Mitzvah, si son hombres se llama Bar-Mitzvah. Ahí reúnen a todos los familiares y amigos, y celebran el hecho de que han pasado de ser niño a ser hombre o de ser niña a convertirse en mujer. Eso sella su identidad sexual, y les contesta su pregunta interior de si son adultos, niños o algo intermedio.

Sé que en muchos países hispanos hay una tradición de hacer una fiesta similar a las mujeres al cumplir quince años. No es una mala idea hacer una fiesta también a tu hombrecito. En ambos casos, no tiene que ser nada grandiosa ni cara, pero donde se reúna a los amigos cercanos y a la familia, y le dices como padres delante de todos: «Hoy te conviertes en hombre o en mujer, y estamos orgullosos de ti, hijo (o hija)». Puede ser a la edad que consideren adecuada (entre 13 y 18), pero esas palabras y esas confirmaciones son importantes. Incluso Dios Padre nos dejó ese ejemplo al hacer esa declaración a Jesús en su bautizo.

Y una voz del cielo decía:
«Este es mi Hijo amado; estoy muy complacido con él.
(Mateo 3:17 NVI)

EL ESTÁNDAR DEL ESPÍRITU SANTO

8

EL ESTÁNDAR DEL ESPÍRITU SANTO

Por eso les digo: dejen que el Espíritu Santo los guíe en la vida. Entonces no se dejarán llevar por los impulsos de la naturaleza pecaminosa.
—Gálatas 5:16

En los dos capítulos anteriores, hablamos de la Constitución y sus enmiendas. En pocas palabras, la disciplina defensiva. El defender tu gol para que el enemigo no se meta en tu casa. Ahora quiero tocar el tema de la disciplina ofensiva, en el sentido de que ya no vamos a ver qué **no** hacer, sino qué **sí** se debe hacer. ¿De acuerdo?

Debemos poner el mismo estándar de disciplina o excelencia moral a todos nuestros hijos no importando su personalidad, temperamento, inteligencia, orden de nacimiento o sexo. Muchas veces veo madres que excusan lo inexcusable de sus hijitos con la frase "es que tiene temperamento fuerte" o "es que me da pena corregirla porque es niña".

Dios no hace acepción de personas y tú tampoco lo debes hacer. Si pusiste un estándar alto de comportamiento para tu hijo mayor, no lo bajes para tu hijo menor. Nunca se debe bajar el estándar de la casa al comportamiento del hijo más malcriado, sino debemos levantar el comportamiento de cada hijo para alcanzar el estándar de la casa.[10]

¿A base de cuál estándar debemos educar a nuestros hijos?
El del Espíritu Santo.

---

10. Punto y aparte, los niños con capacidades especiales sí son diferentes y requieren una Constitución especial. Yo oraría y pediría de parte de Dios sabiduría para saber hasta dónde tu hijo es capaz de cumplir reglas. También estudia y busca ayuda profesional específica para su condición, para que alcance su máximo potencial en la vida.

> En cambio, la clase de fruto que el Espíritu Santo produce en nuestra vida es: amor, alegría, paz, paciencia, gentileza, bondad, fidelidad, humildad y control propio. ¡No existen leyes contra esas cosas!
>
> (Gálatas 5:22-23)

El sueño de Dios es que tu casa esté llena de amor, alegría, paz, paciencia, gentileza, bondad, fidelidad, humildad y control propio, comenzando por ustedes como padres. Ustedes son los que dictan cuál va a ser el estándar y el espíritu del hogar. Si no eres intencional en tratar de hacer esto una realidad, el enemigo sí va a ser muy intencional en traer todo lo contrario. El fruto del enemigo es: odio, tristeza, estrés, ansiedad, egoísmo, maldad, infidelidad, orgullo y explosiones de violencia.

GUÍA 10: ¿CÓMO DEMOSTRAMOS EL FRUTO DEL ESPÍRITU SANTO?

AMOR

Expresa con tu boca todos los días cuánto amas a tus hijos. ¡Cuántas personas me han contado que sus padres nunca les dijeron que los amaban, y nunca las abrazaron!

Si tú no abrazas a tu hija o hijo y le dices cuánto lo amas, cuán importante es para ti, cuán bella es o cuán orgulloso estás de él, otro sí lo hará, y no va a ser una persona buena que esté buscando lo mejor para tu hijo.

Como seres humanos tenemos la necesidad de amor y de escuchar esas palabras de nuestros padres. Hasta Jesús tenía esa necesidad, y en dos oportunidades Dios abre los cielos para hablarle a Jesús y llenar esa necesidad. La primera fue después de su bautizo en agua, y la segunda fue en la transfiguración.

El amor de Dios es incondicional para con nosotros, y nuestro amor para con nuestros hijos también debe ser incondicional. Yo he escuchado de padres que en vez de disciplinar a su hijo de acuerdo con la Palabra, lo disciplinan quitándole su amor, tal vez por horas o hasta días. Pero eso es terrible y causa una inseguridad profunda en el niño, porque le estás dando la lección "cuando te portas bien te amo, pero cuando no te portas bien no te amo". Ellos más tarde pueden plasmar esa idea en su relación con Dios, y van a creer que Dios es igual, que solo nos ama cuando nos portamos bien. No sabes el daño incalculable que le haces a tu hijo al enseñarle esa mentira.

> **Demuéstrale a tu hijo el amor incondicional de Dios: el pecado sí tiene consecuencias, pero quitarle tu amor jamás es una de ellas.**

¿Cuántas personas nunca se acercan a Dios porque piensan que con todo lo que han hecho, Él ya no los puede amar? Pero la verdad es que Jesús vino a pagar por TODOS nuestros pecados, los pasados, presentes y futuros. No hay pecado más grande que su sacrificio, y mientras estás con vida hay oportunidad de restaurar nuestra relación con Dios. Entonces demuéstrale a tu hijo el amor incondicional de Dios: el pecado sí tiene consecuencias, pero quitarle tu amor jamás es una de ellas.

> **El amor incondicional echa fuera todo temor y crea niños seguros de sí mismos.**

Recuerdo que una vez en mi adolescencia yo había hecho algo malo, y no se lo quería contar a mi papá. Él nunca me hubiera quitado su amor, pero igual el enemigo me había sembrado esa duda en mi corazón. Mi papá se dio cuenta de que algo no andaba bien en mí, y me pidió que se lo contara. Yo lloraba y le dije que no. Entonces él me hizo una pregunta que nunca voy a olvidar. "¿Cuál es el peor crimen que podrías cometer?", me preguntó. "Ser prostituta", le contesté. "Bueno, aún si te volvieras prostituta, yo te seguiría amando". Cuando dijo eso, se disipó el temor que le tenía para contarle lo que había hecho.

Obviamente lo que había hecho era algo de mucho menor grado, y lejos de querer seguir pecando, ese amor me liberó para no querer seguir más en eso. Hay personas que tienen miedo de demostrar amor incondicional porque tienen la idea de que el amor incondicional es permisivo, pero no lo es. El amor incondicional echa fuera todo temor y crea niños seguros de sí mismos.

ALEGRÍA Y GOZO

A veces con los años nos olvidamos de ser alegres. ¡Pero gózate con tus hijos! Aprovecha que todavía están bajo tu techo para hacer todas las cosas divertidas que pensaste hacer con ellos. Juega fútbol con ellos en el parque, juega a las princesas y tómate el té inglés, juega al capitán de barco, juega cartas, juega juegos de mesa.

Hoy en día lo más fácil es dejarlos viendo televisión o con una tableta, pero así no aprenden mucho de ti ni de nada más. Jugar con ellos no es "perder tu tiempo"; es hacer una inversión valiosa de tu tiempo.

La última parte de Nehemías 8:10 (NVI) dice: *"No estén tristes, pues el gozo del Señor es nuestra fortaleza"*, y esto es muy prevaleciente en la familia, porque la familia va a pasar por muchos altos y bajos. Hay familias que no aguantan los altos de la prosperidad, por ejemplo, y los esposos sacan los pies del plato o los hijos se meten en vicios. Hay familias que no aguantan los bajos de enfermedad o pérdida de uno de sus miembros. Escuché una frase que es una gran verdad: "La familia donde los miembros se ríen juntos, se mantiene unida". Cuando vienen los altibajos, jugar, hacer bromas y reír entre familia, los mantendrá fuertes a todos. Porque compartir así los hace, no tan solo una familia, sino también los hace amigos.

Hay una idea antigua de que Dios es serio y para que un niño sea bueno tiene que ser solemne. ¡Pero nada puede ser más lejos de la verdad! La Biblia nos enseña que uno de los principales frutos o rasgos de Dios es la alegría.

PAZ

Haz tu mejor esfuerzo por no gritar o insultar a tus hijos, pero si lo haces, pídeles perdón. Hay que disciplinar, claro que sí, ese tema ya lo tocamos, pero gritarles insultos no es disciplina; es maltrato. Si han roto tus reglas, entonces les caen las consecuencias predeterminadas, pero dentro de las consecuencias no queda el insulto o el grito.

Entre tú y tu cónyuge, hagan su mayor esfuerzo de no gritarse. Acuérdate que estás siendo ejemplo para tus hijos acerca de cuáles comportamientos son aceptables en el trato conyugal. Si hay un desacuerdo fuerte, no lo discutas delante de los niños, sino ten el control propio de apartarte al dormitorio y conversarlo detrás de una puerta cerrada.

Haz un esfuerzo para que haya paz también en el ambiente físico. A veces tenemos muchas cosas en el hogar clamando por nuestra atención: el periódico, la televisión, el celular, las cuentas que hay que pagar. Pero trata de mantener un orden. Establece un lugar para todo.

Si en tu casa siempre está prendida la televisión, entonces no hay paz. Si siempre que suena tu celular contestas, en plena comida o juego con tus hijos, estás dejando que esto te interrumpa la paz.

En la casa misma, si está tan llena de cosas que no puedes ver el color con el que pintaste la pared, ni de qué material está hecho el piso, tampoco hay paz. Haz una limpieza profunda y regala, recicla o descarta periódicamente todo lo que no le sirve a tu familia. A veces hay personas cachivacheras que guardan cada baratija que se encuentran. En una repisa pueden tener mil adornitos, pero te digo que se ve mucho más elegante ver uno o dos que ver quinientos, y eso hace bajar el volumen de las cosas que llaman la atención.

PACIENCIA

Creo que uno de los frutos que más tenemos que trabajar como padres es la paciencia. Habrá muchos días en que tus hijos probarán tu paciencia. También tus hijos tienen que aprender a tener paciencia los unos con los otros, y si hay una persona mayor, hay que enseñarles cómo también tenerle paciencia a la abuelita. Si hay una persona discapacitada o especial, o simplemente hermanitos menores, hay que enseñarles a tenerles paciencia.

Tenerle paciencia a alguien significa darle un espacio de gracia donde esa persona se puede equivocar, pero en vez de molestarnos, la ayudamos. Aquí el ejemplo es clave. No puedes esperar que tu hija le tenga paciencia a alguien si tú no le tienes paciencia a ella.

GENTILEZA

Desde que supe que mi primer hijo iba a ser hombre, decidí que él iba a ser un caballero marca antigua. Les estoy enseñando a mis tres hijos varones que abran las puertas a las damas, que siempre se ofrezcan a cargar algo pesado de una persona mayor. A mi hija la estoy criando como una dama. Hay que enseñarles que hablen con respeto a las personas, sean ricas o pobres, porque todo ser humano está hecho a la imagen de Dios, y merece ser respetado.

A veces mis hijos recogen palitos o piedritas en el parque, y me piden que los cuide mientras terminan de jugar. Por mí, los botaría por no ensuciar mi cartera, pero los cuido, no porque tienen valor en sí, sino porque amo a sus dueños. En muchos casos hay personas en el mundo que no van a poder añadir ningún valor a tu vida: huérfanos, mendigos, ancianos, meseros, obreros, pero hay que tratarlos con toda gentileza porque *amamos a su Dueño*. Si para Dios tienen el valor de intercambiarlos por su propio Hijo, entonces para nosotros también.

El mundo cada vez se vuelve más vulgar y sucio, pero tratando con gentileza a las personas vamos a brillar como luz en las tinieblas. Eso también les traerá favor con sus maestros y directores, favor a la hora de entrevistarse para un trabajo, y más adelante favor con el sexo opuesto a la hora de buscar con quien se quieren casar. Para mí no hay nada más atractivo que un hombre que es un caballero. Estoy segura de que ante los ojos de los hombres no hay nada más atractivo que una mujer gentil.

BONDAD

Tenemos que enseñar a nuestros hijos a ser intencionalmente bondadosos; que no solamente sean bondadosos a la hora de responder a una situación, sino que busquen formas para mostrar bondad los unos a los otros.

Por ejemplo: Dale a uno de tus hijos la idea de escribirle una nota a su hermano o hermana, diciéndole lo importante que es para él. Dile a tu hijo o hija que haga el postre favorito del hermano o hermana en un día, de la nada. Enséñales a tus hijos a buscar oportunidades para ser buenos los unos con los otros.

Allá fuera de tu casa, lo más probable es que reciban en algún momento una palabra fea de una persona de la calle, o tal vez en el colegio reciben un apodo desagradable, pero si llegan a la casa y reciben un acto bondadoso, en vez de resentirse con el mundo, van a apreciar más a su familia.

Enséñales a tus hijos a buscar oportunidades para ser buenos los unos con los otros.

FIDELIDAD

Fidelidad familiar significa que no hables mal de un miembro de tu familia en público para humillarlo, ni frente a su cara en broma, ni detrás de su espalda en chisme.

Fidelidad familiar significa que no saques al aire libre los trapos sucios de los otros miembros. Fidelidad familiar significa que hables bien de tu familia. A mí no me vas a escuchar hablando mal ni de mi esposo, mis padres, mis suegros ni mis hermanos. No porque no hay nada que decir, sino porque así también quiero que me traten a mí.

Si hay un problema en casa, trata de resolverlo en casa. Habla primero a solas con la persona. Si no te escucha, haz una reunión familiar y presenta los hechos.

Si tu esposo, esposa o familiar te agrede físicamente o verbalmente, o si hay abuso sexual en casa, es un tema *muy* diferente. Allí sí debes buscar la ayuda de una autoridad adecuada. Guardar secretos de incestos o abusos no es fidelidad familiar; es ser **cómplice** del crimen.

HUMILDAD

Sé humilde para servir a tus hijos. Especialmente si eres el padre de la familia, nunca te creas por encima de servir a tus hijos, sea a través de cambiarles el pañal o hacerles una comida. La humildad es una virtud altamente apreciada por Dios, así que nunca menosprecies el servicio a tu cónyuge ni a tus hijos. Jesús sirvió a sus discípulos en una oportunidad lavando sus pies, y en otra oportunidad les hizo el desayuno, así que no tomes en poco la humildad.

> **Una persona humilde pide perdón con rapidez y también concede el perdón con rapidez.**

Una persona humilde pide perdón con rapidez y también concede el perdón con rapidez. Una persona humilde es empática con los demás, porque mientras un orgulloso solo piensa en cómo servirse a sí mismo, alguien humilde piensa en cómo puede servir a los demás.

Una persona verdaderamente humilde (no pobre, sino humilde de espíritu) es una persona sumamente feliz. Había una vez un gran hombre que aunque nació esclavo, estudió y trabajó hasta fundar un instituto para los jóvenes de color después de que fueron liberados de la esclavitud en los Estados Unidos. Se llamó Booker T. Washington, y él dijo: "Las personas más alegres en el mundo son aquellas que hacen más para ayudar a otros".

Una de las cosas más grandes que puedes hacer para tu hijo es enseñarle a ser humilde. Una niña que piensa que el mundo gira alrededor de ella, es una niña infeliz. Pero un niño que aprende a servir, a servir sus hermanos, sus padres y a los necesitados, no tiene baja autoestima, al contrario, al sentirse útil se siente importante.

Hay pocas cosas que levantan tanto la autoestima de una persona, que darles una responsabilidad o confiar en ellos una tarea. Una persona humilde es una persona que entiende que servir a otros es para los que tienen una autoestima saludable, y ser orgulloso es una marca de las personas de baja autoestima.

CONTROL PROPIO

Nuestra carne tiene muchos apetitos, y si no ejercemos control propio, perdemos el equilibrio. Tenemos un apetito para las relaciones sexuales, pero hay que controlarlo teniendo relaciones solamente con la persona con quien contrajimos matrimonio. Tenemos apetito para la comida, pero si comemos todo lo que se ve rico, vamos a terminar con sobrepeso.

Después de un largo día de trabajo, vienes a la casa y lo único que quieres es relajarte. Pero déjame decirte algo. Antes de que tú "merezcas" descansar, tus hijos merecen un padre o una madre que se preocupe por ellos.

Control propio es aprender a controlar los apetitos egoístas, y poner a tu familia antes que a ti mismo. El control propio te dice que salgas a jugar fútbol con tu hijo en vez de ver televisión. Control propio es regalar a tu cónyuge el último pedacito de torta. Control propio es no soltar palabras que hieren cuando estamos enojados. Control propio es tratar bien a nuestra familia, aun cuando hemos tenido un día pésimo en el trabajo. Control propio es la voz del Espíritu Santo que te anima para hacer lo correcto o te redarguye para que no hagas lo incorrecto.

> **Control propio es aprender a controlar los apetitos egoístas, y poner a tu familia antes que a ti mismo.**

Aprende a escuchar Su Voz. Aprende a dejarte influenciar y a ser obediente a lo que Él quiere. Él quiere lo mejor para ti y sabe mejor que tú cómo convertir a tu familia en la familia soñada por Él. Dale la bienvenida al Espíritu Santo a tu casa. Comienza sembrando semillas de cada uno de estos frutos, y sé que pronto verás una cosecha.

BENDICE A TUS HIJOS

9

BENDICE A TUS HIJOS

Aún puedo oler los desayunos en la cocina antes de ir al colegio cuando era chica, con mi mamá echando canela y azúcar rubia a la avena, y mis hermanos y yo ordenando nuestras loncheras antes de poner la mesa. Después de comer y antes de llevarnos al colegio, mi papá tomaba una pausa. Ponía la mano encima de nuestras cabezas, y nos bendecía en voz alta. Ese acto sencillo nos hacía erguir un poco más la cabeza inconscientemente. Aunque igual íbamos a enfrentar las matemáticas, las ciencias, el "bullying" (acoso) y a veces profesoras injustas, teníamos el respaldo de nuestro padre.

PALABRAS DE BENDICIÓN

¿Qué significa bendecir? Significa literalmente hablar bien. Nuestros hijos NECESITAN que les hablemos bien, pero bendecir también habla del acto intencional de sellar la identidad y el destino de tu hijo con palabras positivas.

> *Y creó Dios al hombre a su imagen, a imagen de Dios lo creó; varón y hembra los creó. Y los bendijo Dios, y les dijo: Fructificad y multiplicaos; llenad la tierra, y sojuzgadla, y señoread en los peces del mar, en las aves de los cielos, y en todas las bestias que se mueven sobre la tierra.* (Génesis 1:27-28 RVR 60)

Lo primero que hizo Dios después de crear Adán y Eva fue bendecirlos. Él fue muy intencional en hablar bien y marcar su destino con sus palabras.

Cuando Noé obedece a Dios construyendo el arca y ofreciendo los sacrificios, Dios también lo bendice. Noé a su vez bendijo a sus hijos. También lo hicieron Abraham a Isaac, Isaac a Jacob, Jacob a todos sus hijos, y desde allí los judíos tienen el costumbre de bendecir a sus hijos.

Todos los viernes, al caer el sol sobre el Sabbat, los padres ponen su mano sobre la cabeza de cada hijo y lo bendicen verbalmente.

Cuando Dios escoge a Moisés para escribir su ley, una parte de esa ley era establecer un sacerdocio. Los sacerdotes eran los líderes espirituales del pueblo y, por ende, tenían algunos deberes. Enseñar al pueblo la ley de Dios, presentar los sacrificios en el templo para el pueblo y bendecir verbalmente al pueblo eran algunos de ellos.

Esta bendición la encontramos en Números 6:22-27:

> *Entonces el Señor le dijo a Moisés: «Diles a Aarón y a sus hijos que bendigan al pueblo de Israel con la siguiente bendición especial: "Que el Señor te bendiga y te proteja. Que el Señor sonría sobre ti y sea compasivo contigo. Que el Señor te muestre su favor y te dé su paz". Cada vez que Aarón y sus hijos bendigan al pueblo de Israel en mi nombre, yo los bendeciré».*

Uno de tus deberes como líder espiritual de tu hogar es bendecir a tus hijos verbalmente e intencionalmente.

Dios quería que los sacerdotes estuvieran constantemente bendiciendo al pueblo. En las familias, los padres y madres son los sacerdotes o los líderes espirituales. Uno de tus deberes como líder espiritual de tu hogar es bendecir a tus hijos verbalmente e intencionalmente. El verso arriba es un buen ejemplo de las bendiciones que puedes desatar sobre tus hijos. Es una bendición que incluye paz, favor, protección y una relación con Dios. Mira, con tan sola esa bendición, muchos judíos han sido sumamente prosperados y sobrenaturalmente favorecidos.

> **Lo que termina siendo de mayor influencia en las vidas de tus hijos es la palabra desatada de tu boca.**

Las palabras de los padres, para bien o para mal, marcan las vidas de sus hijos para siempre. Cuando un padre no le da la bendición a su hijo o hija, el hijo vive buscándola en los lugares equivocados, o simplemente de la forma equivocada. Jacob fue un buen ejemplo de eso cuando engañó a su padre para robar las bendiciones de su hermano.

> *Así que Jacob se le acercó y le dio un beso. Entonces Isaac, al sentir el olor de la ropa, finalmente se convenció*

> *y bendijo a su hijo diciendo: — ¡Ah! ¡El olor de mi hijo es como el olor del campo, que el Señor ha bendecido! «Del rocío de los cielos y la riqueza de la tierra, que Dios te conceda siempre abundantes cosechas de grano y vino nuevo en cantidad. Que muchas naciones sean tus servidoras y se inclinen ante ti. Que seas el amo de tus hermanos, y que los hijos de tu madre se inclinen ante ti. Todos los que te maldigan serán malditos, y todos los que te bendigan serán bendecidos».*
>
> (Génesis 27:27-29)

Isaac bendice a Jacob. Aunque Isaac quiso y pensó que estaba bendiciendo a Esaú, fue la bendición profética desatada con la boca y con la mano en la cabeza, la que formó el futuro para Jacob.

Esto nos da una gran lección. Lo que marca el destino de tus hijos no es lo que *piensas* de ellos, ni siquiera lo que *quieres* para ellos. Lo que termina siendo de mayor influencia en las vidas de tus hijos es la palabra desatada de tu boca. Por eso es tan importante que los bendigas y no los maldigas con tu boca.

¡Cuántos padres con buenas intenciones les desatan a sus hijos cosas muy negativas con la esperanza de que esto les motive! Lo negativo no anima. Desatar cosas negativas sobre tus hijos, sin importar la intención, se llama maldición.

Hemos visto ejemplos de bendiciones fijas que se podrían usar, o podemos ser creativos como Isaac y darle al hijo algo que sentimos en específico. Quiero también darte un ejemplo de una madre que bendijo a sus hijos para que sepan que tanto el padre como la madre no solo *pueden*, sino que *deben* bendecir sus hijos.

> **Desatar cosas negativas sobre tus hijos, sin importar la intención, se llama maldición.**

Así que Lea quedó embarazada y dio a luz un hijo, a quien llamó Rubén, porque dijo: «El Señor se ha dado cuenta de mi sufrimiento, y ahora mi esposo me amará». Al poco tiempo, volvió a quedar embarazada y dio a luz otro hijo, a quien llamó Simeón, porque dijo: «El Señor oyó que yo no era amada y me ha dado otro hijo». Después quedó embarazada por tercera vez y dio a luz otro hijo, a quien llamó Leví, porque dijo: «Ciertamente esta vez mi esposo sentirá cariño por mí, ya que le he dado tres hijos». Una vez más Lea quedó embarazada y dio a luz otro hijo, a quien llamó Judá, porque dijo: «¡Ahora alabaré al Señor!». Y entonces dejó de tener hijos. (Génesis 29:32-35)

Lea, sobre sus primeros tres hijos, desató sufrimiento, contiendas y celos familiares. Infundió en ellos su propio dolor al no ser amada. Más adelante en las vidas de estos jóvenes, vemos que muchos de ellos estaban llenos de celos, contiendas y odio, porque desde el nacimiento eso fue lo que su madre les infundió. Pero sobre Judá desató bendición. Muchos años después, su esposo Jacob, luego el profeta Isaías y después el Rey David confirmarían esa bendición especial, pero la primera en desatarla fue su madre.

Vemos en muchos casos más en la Biblia que quien pone el nombre o la primera bendición es la mamá, como la madre de Sansón, de Samuel o de Jesús. La madre es la primera en hablarle al niño, y con sus palabras forma en él o ella su autoimagen. Es importantísimo que ustedes como madres y padres siempre estén reforzando lo bueno en sus hijos a través de la bendición y las palabras positivas que los marcan.

NOMBRES DE BENDICIÓN

El nombre que ponemos a nuestros hijos también es muy importante. Hay padres que les ponen nombres porque están de moda, y no se fijan en lo que significa el nombre. Como padres tenemos que escoger un nombre que tenga un significado positivo, porque todos los días, muchas veces al día, y a lo largo de sus vidas, diferentes personas los van a llamar por ese nombre. Si su nombre significa algo positivo, entonces serán cada día bendecidos o fortalecidos, pero si es algo malo, será como una corriente en contra. ¿Cómo tu hijo va a poder seguir adelante si todos los días las personas están denigrándolos cada vez que llaman su nombre?

He puesto a mis hijos como nombres, David Natán, que significa "amado de Dios" y "regalo de Dios"; Daniel Lion, que significa "Dios es mi Juez" y "León"; y Carla Andrea, que significa "fuerte, valiente y bella". Antes de tener a mi último hijo, medité mucho en cuál nombre ponerle. Yo también vengo de una familia de cuatro hijos y recuerdo que mi hermana menor se sentía intimidada por las reputaciones de sus hermanos mayores cuando era pequeña. Nosotros tres sacábamos las mejores notas, y cada uno se destacaba en algo, fuera en música o deportes. Ella me dijo mucho después que sintió que creció a la sombra de sus hermanos. Entonces mientras yo estaba embarazada de Mark, me vino a la mente su segundo nombre, "Everest", el nombre de la montaña más alta. Le puse ese nombre para que no importa cuán exitosos sean sus hermanos mayores, él nunca sienta que está a la sombra de nadie.

GUÍA 11:
IDEAS DE CÓMO BENDECIR A TUS HIJOS

1. **Imponles tus manos.** Siempre vemos que los padres del Antiguo Testamento impusieron sus manos en las cabezas de sus hijos o nietos. Jesús también

impuso sus manos sobre las cabezas de niños a la hora de bendecirlos.

2. **Declara la bendición.** Puedes declarar un versículo bíblico, o algo que veas que necesitan en ese momento, como salud, favor o sabiduría. A mis hijos les declaro salud divina, inteligencia, favor con Dios y con las personas, que sean cabeza y no cola, y que la voluntad de Dios se cumpla en sus vidas. Declaro que en el tiempo indicado encontrarán a una persona con quien se casarán, que su matrimonio será fructífero y que durará toda la vida, y que todos sus descendientes servirán a Dios.

Ahora, hay que encontrar un tiempo adecuado. Los judíos lo hacen todos los sábados al atardecer. Mi papá lo hacía antes de partir para el colegio en las mañanas. Yo lo hago con mis hijos antes de dormir. Oramos juntos y luego los bendigo. Encuentra el mejor tiempo para tu familia, y hazlo. En mi caso, originalmente pensaba hacerlo una vez por semana. Pero a mis hijos les gusta tanto, que cada vez que estoy en casa para ponerlos a dormir, quieren que lo haga. Es que nuestra alma anhela la bendición de nuestros padres. La buena noticia es que nunca es demasiado temprano o demasiado tarde para comenzar a bendecir a tus hijos.

> *Entonces Jesús los llevó a Betania, levantó sus manos al cielo y los bendijo. Mientras los bendecía, los dejó y fue levantado al cielo.* (Lucas 24:50-51)

Al inicio de este capítulo vimos que lo primero que hizo Dios después de crear a Adán y Eva fue bendecirlos. Ahora vemos que lo último que hizo Jesús en esta tierra fue bendecir a sus discípulos. No sé en qué momento la cultura cristiana dejó de hacer este importante acto que encontramos a lo largo de la Biblia, porque sé que muchas familias cristianas no tienen esta costumbre. Si para Jesús fue tan importante que usó sus últimos respiros de oxígeno sobre esta tierra para bendecir, cuánto más debe ser una prioridad entre las palabras que nosotros también hablamos durante el día.

> **Nuestra alma anhela la bendición de nuestros padres.**

Bendecir y desatar promesas bíblicas sobre nuestros hijos es un acto de fe. Es un acto de fe tan importante que algunas personas fueron mencionadas en el salón de la fama de la fe que es Hebreos 11, tan solo por bendecir a sus hijos con fe.

Por la fe Isaac bendijo a Jacob y a Esaú, previendo lo que les esperaba en el futuro. Por la fe Jacob, cuando estaba a punto de morir, bendijo a cada uno de los hijos de José, y adoró apoyándose en la punta de su bastón.

(Hebreos 11:20-21 NVI)

Es la fe lo que nos guía a desatar las promesas de Dios sobre nuestros hijos, y es de mucha fe también creer que de todas las voces que escuchen a lo largo de sus vidas, la voz que los bendice prevalecerá.

10

ORA POR TUS HIJOS SIEMPRE

Antes de que yo naciera, mis padres, abuelos y bisabuelos oraban por mí. Hubo momentos claves en mi vida cuando decidí seguir a Dios, y estoy segura de que las oraciones de mis familiares hicieron toda la diferencia del mundo. Hubo una vez en particular que enfrentaba una época difícil de mi adolescencia. El enemigo estaba bombardeando mi mente con mentiras como "tus papás no te aman, realmente no quieren lo mejor para ti; solo quieren malograrte la vida". Algo malo me había pasado, y tenía el semblante caído. Mi papá me vio y me preguntó qué pasaba, pero no pensé que me iba a entender, así que no le conté. Cerré la puerta de mi habitación y me eché a dormir, derrotada.

Al día siguiente me levanté y cuando abrí mi puerta para salir a estudiar, encontré a mi padre tendido en el piso delante de mi puerta junto con mis dos hermanos menores. Habían estado toda la noche orando por mí hasta quedar dormidos. Me tocó profundamente el gesto de interceder por mí en un momento oscuro, y me di cuenta de que todo lo que me decía Satanás en cuanto a mis padres era una mentira. La oración quebró el poder manipulador del enemigo sobre mí.

Amar, dar afecto, educar y disciplinar no son suficientes para criar niños que transiten por el camino correcto para sus vidas. Tenemos un enemigo que anda detrás de ellos y va a aprovechar nuestras debilidades como padres para atacarlos. La verdad es que no importa cuánto nos esforcemos, nunca seremos padres perfectos. Por eso necesitamos la ayuda que recibimos de Dios a través de la oración. La oración no reemplaza el amor, el afecto, la educación o la disciplina, pero sí los complementa. Después de hacer nuestra parte, pidamos que Dios haga lo que nosotros no podemos hacer. Nosotros hacemos todo lo posible y Dios, a través de la oración, hará lo imposible.

Recordemos a Santiago 5:16b (RVR 60): *"La oración eficaz del justo puede mucho"*.

> **Nosotros hacemos todo lo posible y Dios, a través de la oración, hará lo imposible.**

Orar es algo que tenemos que hacer desde antes de concebir hasta después de que se casan. Es un ejercicio que nunca se va a acabar.

GUÍA 12: CÓMO ORAR POR TUS HIJOS EN DIFERENTES ETAPAS

ORAR DESDE ANTES DE CONCEBIR

Tal vez estás en un momento de tu vida cuando deseas concebir, pero como pareja aún no lo han logrado. Nunca entenderemos todos los 'porqué' de Dios, pero sí puedo decirte que en la Biblia había muchas parejas con problemas para concebir. En casi todos los casos, Dios permitió el atraso de la concepción para traer a un bebé especial. Pienso en el caso de Isaac, de Jacob, de Sansón, de Samuel y de Juan el Bautista. Todos sus padres oraron para tener un hijo, y aunque Dios se demoró, sí contestó. No sabemos cómo oraron todos, pero sí está registrada la oración de Ana, mamá de Samuel.

Ana, con una profunda angustia, lloraba amargamente mientras oraba al Señor e hizo el siguiente voto: «Oh Señor de los Ejércitos Celestiales, si miras mi dolor y contestas mi oración y me das un hijo, entonces te lo devolveré. Él será tuyo durante toda su vida, y como señal de que fue dedicado al Señor, nunca se le cortará el cabello». (1 Samuel 1:10-11)

Ella hizo una oración especial que contenía una promesa para Dios; una promesa de dedicarle la vida del niño a Dios. A Dios le agradó la oración y le dio a Samuelito, quien crecería para ser un gran profeta de Dios.

La oración para dedicar nuestros hijos a Dios sigue siendo poderosa. Muchas oraciones para concebir fueron contestadas de forma milagrosa. En todas partes donde viajo, me encuentro con parejas que los doctores decían que no podían concebir, pero tuvieron hijos. Dicho esto, también conozco parejas que al no concebir, adoptaron hijos. La adopción es una forma hermosa de hacer crecer la familia. No solamente porque es bello dar una familia a un huérfano, sino porque es una analogía poderosa de lo que hizo Dios en nuestras vidas al adoptarnos a su familia. Sea cual fuera la forma en que consigan sus hijos, oren antes, durante y después de esa concepción o adopción.

ORAR MIENTRAS ESTÁ EN EL VIENTRE

Y reprenderé por vosotros al devorador, y no os corromperá el fruto de la tierra; ni la vid en el campo os abortará, dijo el SEÑOR de los ejércitos.

(Malaquías 3:11 JBS)

Yo uso ese versículo como una promesa para no tener un aborto espontáneo. Mientras los bebés están en la barriga, hay que orar por ellos. Mientras yo esperaba a cada uno de mis cuatro hijos, yo oraba mucho por ellos. Oraba por su salud, por un parto sin complicaciones y por su futuro. Mi esposo también descansaba su mano sobre mi vientre y oraba por ellos. Hice algo también que creo que ayudó. Ni bien me enteraba que estaba esperando bebé, llamaba a mis familiares cristianos y pastores para contarles del embarazo para que pudieran estar orando por mí. He escuchado de tantos abortos espontáneos, que deseaba que hubiera personas acompañándome en oración por ese bebé desde el comienzo. Espero que haya alguien en tu vida a quien le puedas confiar esa información para que esté levantando en oración a ti y a tu bebé.

Hay numerosos estudios demostrando todo lo que recibe el bebé mientras está en el vientre de su madre. Siente la aceptación o el rechazo de sus padres. Por eso es tan importante que si están esperando un bebé que no fue planificado, ustedes como padres lo acepten y lo amen como el regalo del cielo que es. Aún si no está "perfecto" de acuerdo a los estándares del mundo, Dios tiene un plan y un propósito para ese niño o niña.

Ni mi esposo ni yo fuimos planificados por nuestros padres, sino que Dios nos mandó a parejas que se suponía que se estaban cuidando. Aunque nuestros padres terrenales no tuvieron ningún plan para tenernos, nuestro Padre Celestial sí nos planificó, así que toda nuestra vida es un milagro. Desde los hijos que tenemos hasta la iglesia que pastoreamos, todo fue un plan maravilloso de Dios. Así que si Dios te manda un hijo inesperado, alégrate; Él tiene un gran plan para su vida.

Muchas veces, mientras mis hijos aún estaban en mi barriga, Dios nos daba un sentir a mi esposo y a mí por el futuro de nuestro hijo. Mientras orábamos o leíamos la Palabra, Dios hacía resaltar para nuestro hijo un pasaje de la Escritura, y ese pasaje se convertía en una promesa especial para él o para ella. Yo memorizaba los pasajes, y los oraba y los repetía declarando las promesas sobre mi hijo aún por nacer.

Aunque hay muchas promesas en la Biblia que valen para todos, como de salud, protección, favor y futuro, Dios nos puede guiar también a una promesa específica para cada hijo. Cada hijo es diferente en su carácter, llamado y requiere una oración diferente. No hagas oraciones como un rezo repetido sin vida. Haz una oración fresca, nueva, profética y creativa para cada hijo.

DE NIÑOS, SEGUIMOS ORANDO POR ELLOS

Mientras tanto, el niño Samuel crecía en estatura física y en el favor del Señor y en el de toda la gente.

(1 Samuel 2:26)

Me gusta usar este verso para declarar que mis hijos crezcan sanos en cuerpo, alma y espíritu, y que crezcan en el favor de Dios y de las personas. Oro siempre para que tengan favor en el lugar donde estudien, tanto con los profesores como con otros estudiantes. Oro por protección en contra de la enfermedad. No espero a que mis hijos se enfermen para recién orar por salud. Le pido a Dios que anden siempre en salud divina todos los días de su vida.

Siempre oro para que los pies de mis hijos no salgan del camino perfecto de Dios para sus vidas, ni a la izquierda ni a la derecha.

Oremos para que nuestros hijos sean obedientes. Esto no reemplaza la corrección, sino complementa la corrección. Corrígelos cuando rompen las reglas, y ora para que tengan el corazón blando y reciban la corrección de la forma correcta. Hay niños a quienes se les ve muy tercos y necios en querer seguir en un acto malcriado. Es allí cuando, aparte de seguir corrigiendo, debes pedirle a Dios que suavice su corazón.

Dice la Palabra que cuando Dios comenzó a azotar Egipto con las plagas, Él mismo endureció el corazón de Faraón para que no cambiara de opinión. Pero si Dios puede endurecer corazones, entonces también puede suavizar corazones. Pídele suavizar el corazón de tus hijos para que reciban la corrección y la disciplina con un espíritu correcto. Pídele que tengan un espíritu sumiso, moldeable y no rebelde ante la autoridad correcta, pero inquebrantable en sus principios ante la presión social.

¡Oro por sus amigos y su lugar de estudio! Cuando paso por su colegio durante el día, levanto una oración por todos los niños, maestros, sicólogos, directores y personas de limpieza que están adentro. Le pido a Dios que abra su entendimiento para comprender todo lo que se les enseña en el colegio.

Si aún no has visto la película "Cuarto de Guerra", te la recomiendo. Se trata de una mujer mayor que enseña a una mujer más joven cómo orar por su familia. Antes de ver la película tenía mi espacio para orar, pero me gustó la idea de los papelitos pegados para ayudar a uno a recordar para qué orar. Entonces les pedí a mis hijos que me dijeran por lo que quieren que esté orando para ellos, y me lo cuentan.

Sus peticiones están escritas en papelitos coloridos para ayudarme a recordar. En otro papelito están los nombres de sus amigos y profesores. Al saber la influencia que tienen sobre mis hijos, también oro por ellos. Si no tienes ningún espacio fijo para orar, puedes escribir todas tus peticiones en un cuaderno y llevártelo al bus, tren, avión o donde sea, para orar. Cuando Dios conteste una oración, márcalo en el cuaderno con la fecha. Pasado un tiempo, ese cuaderno estará lleno de oraciones contestadas y quedará como un testimonio del poder de Dios en tu familia.

CUANDO SON ADOLESCENTES

En su adolescencia hay que orar más que nunca; no menos que nunca. Hay que tener un plan de acción y hay que pedir refuerzos. Es bueno que los padres oren juntos en grupo por todos sus hijos. También llama a la tía, abuela o amiga cristiana, y pide que te ayuden orando por ese adolescente.

Ora para que Dios les guíe y les dé sabiduría en sus decisiones. Ora para que Dios cierre las puertas incorrectas y abra las puertas correctas delante de ellos. Ora por sus amigos, para que Dios aleje las malas compañías y atraiga buenos amigos cristianos que sean de buena influencia.

También comencemos a orar por ese mejor amigo, aquel o aquella que va a ser algún día su cónyuge. Oren para que no les atraiga ninguna otra persona que no sea la indicada, es decir, la persona que Dios tiene para ellos.

Cuando mis suegros conocieron a Dios, comenzaron a orar por los cónyuges de sus tres hijos. Pasaron los años, y su hijo mayor, Sergio, se veía que iba a ser el pastor de jóvenes. Entonces comenzaron a orar más fervientemente por una esposa para él. Un día mientras oraba, mi suegro, Peter Hornung, recibió una palabra en Génesis 24, donde Abraham le dice a su siervo que no busque esposa para Isaac de entre las cananeas, sino que vuelva a su tierra y parentela, y allí le busque esposa.

Él llamaba a mis abuelos "mamá" y "papá" por haber sido sus primeros maestros en la fe. Entonces fue a mi tierra, y se quedó en la casa de mis abuelos en Orlando, sin decirle a nadie la razón de su viaje. Para ese momento, Dios ya me había hablado que yo iba a estar en el ministerio en Sudamérica y que estudiara español. Y se lo conté a mis padres.

Un día, por casualidad, mi papá va a la casa de sus padres para visitarlos, y se encuentra con el Pastor Peter. Le comentó de forma casual que una de sus hijas sintió un llamado para servir a Dios en Sudamérica, y por eso estudiaba español. Mi suegro no le comentó nada de su misión, pero sí se le prendió un foquito. Sintió que esa era la señal que buscaba. Regresó a su casa a seguir orando y a esperar que sucedieran las cosas. A mí no me contaron hasta mucho después de casarme, para que fuera mi decisión y no influenciada por nadie. Pero mirando para atrás, veo todos los milagros que sucedieron en nuestro enamoramiento y noviazgo, que sé que fue la mano de Dios por los muchos familiares orando por nuestros futuros cónyuges.

No tienes que esperar que tu hijo sea adolescente para comenzar a orar por su cónyuge. Desde que tus hijos nacen, puedes estar orando por sus futuros esposos y por su futura vida sentimental y sexual; solo hay que hacer más énfasis una vez que sean adolescentes. Ora para que tus hijos se casen vírgenes y que nunca se divorcien. Ora para que tengan sabiduría a la hora de escoger su futuro cónyuge. Ora para que ningún depredador sexual los ataque y que nadie los seduzca. Ora para que no tengan ninguna confusión sobre su identidad sexual.

Cuando nacieron mis hijos varones, yo oraba por sus esposas y para que ellos tuvieran sabiduría para escoger mujeres buenas. Pero cuando nació mi hija Andrea, lo primero que oró su papá para ella en el mismo hospital fue que nunca nadie la violara, ni tocara sus partes íntimas de manera inadecuada. Luego extendí esa oración también a mis hijos varones. Ora para que lleguen sanos al matrimonio, sin ningún bagaje emocional de un abuso sexual.

PIDE SABIDURÍA PARA SER UN BUEN PADRE Y PIDE SABIDURÍA PARA TU HIJO

Hay que pedir a Dios la sabiduría porque viene de Él; y a Dios le agrada cuando le pides sabiduría. Cuando el rey Salomón pidió sabiduría, eso agradó tanto a Dios que le dio todo lo demás también. Pídele a Dios sabiduría para guiar a tus hijos, sabiduría para tomar todas las decisiones como padre de familia. Sé que Él te la va a conceder.

Segundo, pídele a Dios que le conceda sabiduría a tu hijo. Sabiduría para tomar decisiones correctas, para saber qué estudiar, para saber con quién casarse, para saber cuándo comprar y cuándo vender, sabiduría y discernimiento para saber con quién asociarse y de quién debe alejarse. La sabiduría nos servirá en cada época y en cada área de nuestra vida.

No abandones nunca a la sabiduría, y ella te protegerá; ámala, y ella te cuidará. (Proverbios 4:6 NVI)

IDENTIDAD FAMILIAR

11

IDENTIDAD FAMILIAR

En Inglaterra, en 1555, un hombre llamado Thomas Hubbard fue quemado en la estaca por ser cristiano protestante. Su nieto emigró a los Estados Unidos en 1630 en busca de libertad para adorar a Dios de acuerdo con la Biblia. Él fue el primero en llegar de la familia de mi mamá. Por el lado de mi padre, la mayoría emigró desde Alemania entre 1700-1834 con la Biblia bajo el brazo, dejando atrás vidas cómodas para ser misioneros y plantar iglesias.

Algunas de esas Biblias aún las tenemos en la familia y algunas de esas iglesias aún siguen con sus puertas abiertas.

Vengo de trece generaciones de cristianos comprometidos en servir a Dios. Mientras crecía, mis padres, abuelos y bisabuelos me contaban sus historias. En la pared estaban sus retratos, y había cajas de sus diarios, cartas y algunas pertenencias. A veces nos llevaban a visitar las casas que habitaron en vida, y a sus tumbas. Crecí con una idea clara no solamente de quiénes eran mis ancestros, sino de quiénes somos como familia y de quién quiero ser. Escuchar sus historias y ver que teníamos en común no solo la genética, sino un amor apasionado por Dios, me llevó a conectar y a identificarme con ellos.

Quiero hablar de un tema que veo en todas las familias fuertes que logran una continuidad por generaciones: la **identidad familiar**.

La definición de "identidad" en el Diccionario de la Real Academia Española es: "conjunto de rasgos propios de un individuo o de una colectividad que los caracterizan frente a los demás".

Identidad de grupo es un proceso de socialización en el cual una persona se identifica con un grupo por un sentir de atracción, empatía o familiaridad. Mientras más fuerte es nuestro sentir de permanencia en el grupo, más fuerte será nuestra lealtad al mismo.

Como padres tenemos que promover nuestros valores y crear en nuestros hijos un sentir de atracción, empatía y familiaridad hacia lo bueno. Nuestra meta es que nuestros hijos se identifiquen con las características positivas de su familia y no con las características negativas de sus contemporáneos. Los amigos y los medios de comunicación no van a poder dictar quiénes son ellos, si ellos ya saben quiénes son.

> **Nuestra meta es que nuestros hijos se identifiquen con las características positivas de su familia.**

Una identidad familiar es una serie de rasgos y valores que traspasamos de generación en generación. Muchas familias de manera no intencionada pasan ciertos rasgos y valores familiares que son negativos, como mal manejo de finanzas, malos hábitos alimentarios y falta de fidelidad en el matrimonio. Como padres intencionales, nuestra meta debe ser desarraigar los rasgos o valores negativos, y fortalecer los rasgos y valores positivos. Sin importar la familia donde naciste, puedes cambiar la identidad de tu familia actual, intencionalmente, resaltando y ejemplificando los rasgos y valores que deseas ver en tus generaciones.

Primeramente hay que identificar los rasgos y valores específicos que queremos promover. ¿En qué quieres enfocar para luego destacar? ¿Cuál va a ser tu identidad familiar específica? En otras palabras, cuando las personas piensan en tu familia, ¿cuál quieres que sea la primera palabra que les llegue a la mente? ¿Excelencia, integridad, puntualidad, santidad, generosidad, fidelidad, emprendimiento, trabajadores, intelectuales, deportistas, saludables, servidores de Dios? En lo que te enfocas, vas a volverte fuerte. Entonces, escoge dos o tres valores, y trabájalos.

Primeramente confiesa, por ejemplo: "Nosotros somos una familia excelente e íntegra". Luego ponlo en la pared. Las familias en la antigüedad tenían una lema (a veces en latín) y un escudo que adornaba todo en la casa, desde joyas y ropa que usaban hasta las tapices en las paredes. Tan fuerte era la identidad familiar, que a la hora de casarse, las personas pesaban más los rasgos de la familia que los rasgos del individuo. Aunque el individualismo es importante porque un día cada uno de nosotros va a tener que rendir cuentas ante Dios como individuos, veo que en el siglo veintiuno tenemos un individualismo exacerbado. Cultivar buenas características y estándares morales que nos unen y nos identifiquen como familia, siempre va a ser una fuerza positiva.

Quiero que veamos ahora un ejemplo bíblico de una familia que tenía una fuerte identidad familiar. Tenían rasgos, valores y costumbres muy diferentes a las de la cultura en que se encontraban. Esto les permitió ser fieles a Dios a pesar de estar rodeados de personas que no lo eran.

> «Ve al asentamiento donde habitan las familias de los recabitas e invítalos al templo del Señor. Llévalos a una de las habitaciones interiores y ofréceles algo de vino»... Pero no aceptaron. «No —dijeron—, no bebemos vino porque nuestro antepasado Jonadab, hijo de Recab, nos ordenó: "Nunca beban vino ni ustedes ni sus descendientes. Tampoco edifiquen casas, ni planten cultivos, ni viñedos, sino que siempre vivan en carpas. Si ustedes obedecen estos mandamientos vivirán largas y buenas vidas en la tierra". Así que le hemos obedecido en todas estas cosas. Nunca hemos bebido vino hasta el día de hoy, ni tampoco nuestras esposas, ni nuestros hijos, ni nuestras hijas. No hemos construido casas ni hemos sido dueños de viñedos o granjas, ni sembramos campos. Hemos vivido en carpas y hemos obedecido por completo los mandamientos de Jonadab, nuestro antepasado... Por lo tanto, esto dice el Señor de los Ejércitos Celestiales, Dios de Israel: "Jonadab, hijo de Recab, siempre tendrá descendientes que me sirvan"».
>
> (Jeremías 35:2, 6-10 y 19)

Aquí encontramos una familia que era un remanente de fidelidad en una Jerusalén con una bancarrota total de valores. ¿Cuál era su secreto para mantenerse fiel a los principios? Primeramente, en una época, antes de los apellidos, todos se identificaban como descendientes de Jonadab, hijo de Recab, y se autodenominaban recabitas. Tenían un nombre y se veían como un grupo apartado. Tenían costumbres y valores muy diferentes a los de los vecinos. Los vecinos vivían en casas de ladrillos y trabajaban la tierra; los recabitas vivían en carpas y cuidaban rebaños.

Veo también algo muy importante aquí en el sentir de "nosotros". Vemos en el pasaje cuando ellos responden: *"Nosotros no bebemos vino, no hemos construido casas"*. Si le dices a un adolescente "¡No fumes!, viene la regla: "Basta que le prohíbas para que le provoque". Pero si le dices, "eres un Hornung y nosotros no fumamos", el resultado es diferente. Es diferente porque no es una prohibición, es una invitación al club prestigioso de la familia. Los recabitas se consideraban una unidad, un grupo de "nosotros" apartado de la corriente del mundo.

En su currículo para padres "Criando niños en el camino de Dios" de los autores Gary y Anne Marie Ezzo,[11] explican una ecuación interesante: "Mientras más fuerte la identidad familiar en casa, más débil será la presión social". Puedo testificar que en mi casa eso es totalmente cierto. Tuvimos una identidad familiar muy fuerte, y la presión social no nos afectaba. Si tú puedes lograr que tu familia se identifique como un grupo unido, puedes alcanzar cosas

---
11. 28 de julio de 2015, Amazon Digital Services LLC, ASIN: B012XZLJ9A

increíbles. Puedes lograr que tus hijos se pongan las pilas al estudiar mientras los otros niños apenas terminan la tarea. Mientras los demás adolescentes ven pornografía y tienen relaciones sexuales, podrás conseguir que tus hijos rechacen rotundamente esa forma de vivir.

He visto a muchos niños y jóvenes que provienen de buenas casas cristianas, pero que en su adolescencia o adultez se alejan de la familia y de su fe. Aunque puede haber muchos factores, uno importante es la identidad familiar. O no había una identidad familiar fuerte en la casa, o la había, pero el joven no sentía que pertenecía a esa casa. Esa falta del sentir de pertenencia comienza en la niñez con bromas, burlas o pequeñas injusticias. El hecho de que uno de tus hijos tenga un color diferente de pelo/piel/ojos jamás debe ser motivo de bromas de "hijo del lechero" ni nada por el estilo. Como padres tenemos que trabajar en unir y aceptar a nuestros hijos; no en separar y rechazar a los hijos.

> **Como padres tenemos que trabajar en unir y aceptar a nuestros hijos; no en separar y rechazar a los hijos.**

Ten mucho cuidado de aislar del grupo a un hijo, o de decir "ella es la oveja negra" o "él es diferente de nosotros". Los depredadores, cuando quieren cazar una presa, no escogen al venado que está en medio del grupo, escogen al joven venadito separado del grupo, el que está más lejos de la protección de sus padres y familiares. Nunca rechaces a un hijo ni en broma, ni tampoco permitas que él mismo ni que otro familiar lo haga. Siempre refuerza: "Tú eres parte de nosotros", "somos una familia", "Eres un __ (pon aquí tu apellido)".

Los seres humanos tenemos necesidad de aceptación de un grupo. En el tiempo de la adolescencia, esa necesidad se siente de forma aguda. Si el adolescente no se siente acogido en casa, va a buscarla afuera. Por eso hay pandillas, fraternidades de universidades, clubes y camarillas. Los jóvenes pagan un precio muy alto para ser aceptados en una pandilla o fraternidad; a veces se dejan golpear o rompen la ley para ser recibidos en el grupete. Ellos buscan llenar esa necesidad de pertenencia que nunca encontraron en casa. Es imprescindible que, como padres, hagamos un gran esfuerzo en hacer sentir a cada miembro una pieza irremplazable de la familia.

GUÍA 13:
CÓMO CREAR Y FORTALECER LA IDENTIDAD DE TU FAMILIA

TEN UNA VISIÓN FAMILIAR

Jonadab, hijo de Recab, tuvo una visión para su familia. Vio a su familia consagrada y apartada de la sociedad corrupta, y les dio varios consejos para lograrlo.

Una visión familiar es una idea específica de hacia dónde vamos. Para mi familia, tengo esta visión. Veo una familia fuerte, unida y numerosa, cuya identidad está tan arraigada en Dios que sus miembros no son llevados por las corrientes de este mundo, sino que impactan en su comunidad, su ciudad y su mundo con el amor de Dios. Veo una familia cuya prioridad es servir a Dios, y servirá fielmente a Dios y a su iglesia hasta que Cristo regrese.

> **Una visión familiar es una idea específica de hacia dónde vamos.**

Cada familia puede formular su propia visión basada en su llamado y en los talentos familiares. Aunque creo que todos debemos servir a Dios, no todos tenemos que hacerlo desde un púlpito. Uno puede servir a Dios detrás de las escenas en una iglesia, desde los medios de comunicación, el mercado empresarial, las artes, los deportes o la política. Aquí es imperativo buscar la dirección de Dios, y no solo los deseos de uno como padre.

La familia es un equipo, y para que un equipo sea un equipo ganador debe tener un objetivo claro: la visión o llamado familiar.

Tener un objetivo claro nos ayuda a autoevaluarnos y determinar si estamos ganando o perdiendo. Una familia ganadora es una familia que se está acercando cada vez más a su propio objetivo o a su visión. Se mide con los estándares de la familia, no con los del mundo, que son fama y riqueza. De acuerdo con mi visión, si mi familia está unida sirviendo a Dios, estamos ganando.

> Una familia ganadora es una familia que se está acercando cada vez más a su propio objetivo o a su visión.

Identificar el "ganar" es importante, porque mientras más gana un equipo, más se fortalece su identidad. Los equipos ganadores son los que más hinchas tienen. Piensa en tus equipos de fútbol favoritos, ya sea Barcelona, Real Madrid,

Juventus, Arsenal, Bayern Munich o Manchester United. ¿Por qué escogiste ser hincha de ese equipo? ¿Qué es lo que te atrae? Si te gusta un equipo es porque te has identificado con él por algún motivo. Hay muchos a quienes les gusta el equipo de fútbol de Barcelona porque se han identificado con la filosofía. Otros escogen un equipo porque se identifican con la ciudad del equipo. Tengo un amigo a quien le gusta el equipo de Bayern Munich porque es de ascendencia alemana y se identifica con sus raíces.

Hace años me comenzó a gustar el equipo de fútbol americano los "Giants" (Gigantes) de Nueva York. El mariscal de campo, Elí Manning, era el hermano menor de quien era supuestamente el mejor mariscal de campo de toda la liga de ese entonces. Así que cuando él debutó, todos los comentaristas lo criticaban y lo comparaban diciendo, "él no es tan alto como su hermano mayor", "no es tan trabajador como el hermano mayor", "el hermano mayor es más fuerte, más enfocado".

Al tener yo una hermana mayor brillante con quien me comparaban en el colegio, me identifiqué con este joven y me uní a los fanáticos de su equipo. Me compré la camiseta y comencé a hacerle barra desde mi casa. Un año su equipo pasó con las justas a los cuartos de final, pero allí se despierta Elí y comienza a jugar, y gana. Va a las semifinales y gana, va hasta el Superbowl (Super Tazón), que es el campeonato, ¡y gana! Celebré su victoria como si fuera la mía porque me había identificado con él.

En esta historia sencilla vemos **que escogemos un equipo y somos fieles a un equipo en la medida en que podemos identificarnos personalmente con el equipo.** Por eso es de suma importancia que nuestros hijos se identifiquen como parte del equipo de su familia.

ORAR JUNTOS

Aunque en este libro ya existe todo un capítulo sobre la oración, creo que el hecho de orar unidos nos ayuda a renovar nuestra visión y unirnos en misión.

COMER JUNTOS

Estudio tras estudio demuestra que en las familias que se sientan a comer juntos, los niños no tienen tendencia de sufrir anorexia, bulimia u obesidad, son más propensos a sacar buenas notas, y a no meterse en los vicios de drogas, alcohol o cigarrillo.

Para enseñarles a sus discípulos cómo vivir, Jesús no solo tuvo que predicarles, sino convivir con ellos. Él comía, dormía, viajaba y trabajaba con ellos. A veces, con las agendas ajetreadas modernas, comemos muchas veces de paso o en la calle, pero yo creo que las comidas familiares en casa son muy importantes. La comida es especial, demuestra confianza, amor como familia, aprenden a compartir el último pedazo de postre y a servirse los unos a los otros. En una comida aprendemos a depender los unos de los otros y a entender que somos un equipo, no somos rivales. Las rivalidades entre hermanos se presentan cuando ellos no se sienten en el mismo equipo, sino en equipos opuestos.

Es una buena idea utilizar el tiempo de preparar los alimentos también para compartir y enseñar. Es vital enseñar a cocinar tanto a los niños como a las niñas, porque es una lección que les va a servir el resto de su vida. A todos mis hijos, tanto a los niños como a la niña, siempre les invito en la cocina conmigo para enseñarles a preparar sus platos favoritos.

CONVERSAR JUNTOS

La casa debe ser un lugar seguro para preguntar, debatir y comentar cualquier tema.

Como padre de familia es importante que compartas tus sentimientos, tus opiniones y tus reacciones frente a las situaciones que se van presentando en la vida. Enséñale a tu familia realmente quién eres. Hay tantos hijos que no saben de verdad quiénes son sus padres. ¿Cómo se pueden identificar contigo si no saben quién eres?

DIVERTIRSE JUNTOS

En la casa donde crecí, teníamos una tradición que era "noche familiar". Una vez a la semana, había un día separado para estar en familia. Muchas veces era el domingo, pero podía ser cualquier noche que funcionara para todos los miembros de la familia. La noche familiar era una noche donde jugábamos, compartíamos, y nos divertíamos en familia. Para que nadie se aburriera, cada miembro tenía un turno para escoger la actividad. Podía ser jugar un juego de mesa, salir a pasear en bicicleta, ir a un museo o ver una película juntos. Más importante que la actividad, era el hecho de que separábamos el tiempo de estar en familia. Una vez agendado, ese tiempo era intocable porque la familia es una prioridad.

ALABAR JUNTOS

Mi esposo tuvo la brillante idea de separar sábados por la mañana para hacer tiempo de alabanza, cuando cantamos algunas alabanzas, luego oramos y a veces alguien de la familia (generalmente uno de los chicos) comparte una breve Palabra. Al hacer este tiempo devocional, él siente que estamos enseñando a nuestros hijos que Dios es prioridad como familia, y cómo hacer un tiempo devocional.

UNA CULTURA DE FE

12

UNA CULTURA DE FE

Aunque nací en un pueblito de la Florida, Estados Unidos de América, inspirada en el ejemplo de mis abuelos misioneros y siguiendo el llamado de Dios, siendo una joven soltera me mudé al Perú. Hace años que vivo y pastoreo en el hermoso y delicioso país de Perú. Perú es una nación con una historia rica en culturas variadas. Cada región tiene una cultura diferente con una forma de hablar, comida especial, danzas, trajes típicos, ruinas y museos llenos de artefactos e historias. Escuchar el acento, comer sus platos, conocer su historia a través de las ruinas y museos te va dando una buena idea de la cultura del pueblo en cuestión.

¿Qué es una cultura? Es un conjunto de modos de vivir, costumbres, conocimientos e historia compartida de un grupo social.

Toda familia tiene su propia cultura y cada hogar es un pequeño centro cultural donde uno aprende el idioma, las costumbres, la comida y hasta la cosmovisión familiar. Lo que pretendo con este capítulo es que seas consciente de tu cultura familiar y la moldees de forma intencional. Si tienes una cultura familiar fuerte, para bien o para mal, probablemente va a ser el factor más influyente en las vidas de tus hijos. Entonces trabajemos para que sea el mejor.

GUÍA 14: DESARROLLA Y REFUERZA TU CULTURA FAMILIAR

Primeramente hay que establecer nuestros valores como familia, lo que hablamos en el capítulo de la Constitución, y reforzar siempre esos valores. Una vez hecho esto, cuéntales a tus hijos y nietos historias familiares que refuercen los valores. Cuando hablo de historias estoy hablando de historias de la vida real tuyas o de tus padres, abuelos y otros ancestros. Para que la nueva generación se conecte con la antigua, tiene la nueva que conocer a la antigua.

HISTORIAS FAMILIARES

Mis antepasados escribieron muchos diarios y aún algunos libros publicados que cuentan parte de nuestra historia familiar. Cuando leo sus diarios, me siento que los conozco. Mi abuela compró una filmadora y filmaba a mi papá desde que era pequeño. Tengo películas de cuando mi padre cumplió 4 años en 1962 y de mi bisabuelo que nunca llegué a conocer. Los padres de mis abuelos y más atrás, tomaron muchas fotos y siempre las ha tenido puestas en algún lugar prominente de la casa. Cuando nos reunimos como familia, mi padre siempre pedía a las personas mayores que nos contaran historias de sus padres, su niñez, o sobre alguna otra persona presente. Yo he hecho entrevistas a algunos de mis abuelos y a mi bisabuela para enseñarles a mis descendientes cómo eran.

Cuando escuchas historias de las personas, te conectas con ellas y te vas identificando con los rasgos similares. Puede ser que no tengas diarios ni películas de tus abuelos, pero si tienes alguna persona mayor en casa hazle preguntas sobre cómo vivieron. Anda a la casa de tus padres y busca fotos, álbumes, recortes de periódico o alguna pertenencia de tus antepasados. Esa búsqueda no va a ser en vano. Siempre se encuentra algo, y eso los va a conectar a ti y a tus hijos a las antiguas generaciones.

También es bueno conectar a tus hijos contigo, enseñándoles tus fotos de bebé y de niño. Un tiempo atrás, mis padres me trajeron mis diarios que escribí desde tercero de primaria hasta terminar la secundaria. Mi hijo mayor justo estaba cursando tercero de primaria en ese momento, y le di mi diario de ese año para leer. Él se asombraba al saber que yo estaba aprendiendo las mismas cosas que él, y se reía con mis ocurrencias tan similares a las suyas. Él me comenzó a ver con otros ojos. No soy simplemente una persona mucho mayor que él con quien no se puede relacionar, sino que he sido una niña parecida a él.

Las historias familiares sirven para establecer la identidad familiar, reforzar la cultura familiar y también ayudan a los hijos a honrar a sus padres o abuelos cuando entienden que tuvieron que sacrificarse por la familia. Yo tuve una bisabuela que en su vejez le dio demencia. Confundía nuestros nombres, cambiaba las reglas de un juego para conseguir ganar, o se obstinaba en no tomar sus respectivas medicinas. En ese tiempo era difícil honrarla, y un día mi abuela me enseñó un video de ella entrevistando a su madre, mi bisabuela, sobre su niñez.

Allí aprendí que su padre se murió en la Primera Guerra Mundial, dejándolos huérfanos a ella y a su hermanito. Su madre se consiguió dos trabajos, pero no era suficiente para pagar las cuentas porque en esa época no pagaban a la mujer un salario digno. Entonces, su madre se vio forzada a dejar a sus hijos en un orfanato. Luego se volvió a casar y sacó del orfanato a sus hijos, pero esa historia me cambió. Ya no veía a una viejita fastidiosa. Ahora podía ver a una niña que pasó por mucho más de lo que yo tuve que pasar, y le pude extender la gracia y la honra que merecía.

De todas las historias familiares que podríamos contar a nuestros hijos, las más importantes son las que los conecten con Dios. Aquí ganamos varios beneficios. Primeramente, y más importante, cumplimos con la ordenanza de Dios de pasar la fe de generación en generación. Segundo, al tener a Dios en el centro de nuestra cultura familiar, tenemos algo en común entre nosotros, los familiares actuales y las generaciones más antiguas. Cuando Dios es la Roca en la cual hemos construido nuestra familia, pasan los siglos, y en vez de caerse, la familia se fortalece.

> **Cuando Dios es la Roca en la cual hemos construido nuestra familia, pasan los siglos, y en vez de caerse, la familia se fortalece.**

No tienes que contar con diez generaciones de cristianos para comenzar a contar la historia. Cuéntales a tus hijos TU historia. Antes de ser pastora principal de Agua Viva, fui pastora de jóvenes, y aunque algunos de los jóvenes eran segunda generación de cristianos, ninguno podía decirme por qué sus padres eran cristianos. Ni uno sabía el testimonio de sus padres. Tal vez por la vergüenza de contar su pasado o pecados a sus hijos, no lo hicieron. Nunca tenemos que avergonzarnos de nuestro testimonio, porque Apocalipsis 12:11 dice que vamos a vencer al enemigo con la sangre del Cordero y la palabra de nuestro testimonio.

MUSEO FAMILIAR

Toda cultura tiene historias y también tiene un museo donde puedes ver fotos de las personas y sus pertenencias que van con esas historias. Antiguamente, uno podía entrar en las casas de las personas y encontrar objetos y fotos o pinturas antiguas de sus antepasados en lugares prominentes de la casa. Hoy en día, muchos son demasiado *cool* para tener cosas viejas como adornos, pero permíteme explicarte qué sucede cuando hay fotos, artefactos e historia en las paredes de tu hogar.

Si entras en la casa de mis padres, vas a encontrar una gran cantidad de fotos antiguas en las paredes. Vas a ver las fotos de las cinco generaciones vivas cuando nacieron mis hijos y cuando nació mi hermana mayor. Vas a ver fotos de mis tatarabuelos y sus familias. Vas a encontrar sus cartas exhibidas en cajas de vidrio. Vas a ver las pinturas que trajeron de Europa en 1850. Encontrarás uno de los cubos de leche de la finca lechera de mi abuelo junto con una foto de la finca. Aún si mis padres no se encuentran en casa, tendrías un sentir claro de quiénes son y de dónde vinieron.

Muchas personas han sido muy impactadas con el recorrido de la casa de mis padres. De hecho, en más de una ocasión, personas muy adultas han expresado "quisiera que me adopten". Cuando nuestra casa es un museo que enseña la historia pasada y la cultura presente de la familia, los hijos saben quiénes son y están orgullosos de pertenecer a la familia.

Toma el tiempo de poner en cuadros las fotos de todos los familiares presentes y pasados de quienes tienes fotos. Desde que mis hijos eran muy chicos, siempre les mostraba cuadros o álbumes de fotos de la familia extendida, y les enseñaba una y otra vez quién era quién. "Mira, hijito, esa señora es tu abuela, la madre de tu padre."

He coleccionado sus joyas, platos, libros, diarios y Biblias. Al tocar las hojas o leer las palabras escritas por sus antepasados, sé que mis hijos se conectan con ellos como yo lo hice una vez. Eso ayuda a que no tengan que imaginar quiénes fueron sus antepasados; saben quiénes fueron.

En Génesis, Éxodo y Levítico vamos a ver muchos ejemplos de monumentos o memoriales que Dios mandó a hacer al pueblo de Israel para que las futuras generaciones supieran qué hizo Él en el pasado. Como cuando cruzaron el río Jordán, Josué mandó a levantar una columna de piedra en medio del río y en la orilla para recordarles a futuras generaciones que un día Dios detuvo las aguas y los dejó cruzar en seco. Encuentra los testimonios grandes que tienes en tu vida o en tu familia que testifiquen el poder de Dios, y busca una forma creativa de exhibirlos. Por ejemplo, tal vez la primera casa que compraste fue un milagro de Dios; podrías poner una foto de la casa o la llave, o ambos en un cuadro.

En mi casa vas a encontrar en una mesa de mi sala una caja con tapa de vidrio junto a Biblias antiguas, y un heladito de juguete. Cuando mis hijos preguntan el porqué, les cuento la historia. En una época, mis bisabuelos Carl y Madelyn Strombeck, aunque ambos crecieron en casas muy cristianas, se habían alejado del Señor, y todo ese año no habían asisitido a la iglesia. Entonces justo en ese tiempo su hijo de dos añitos, mi abuelo Rick, se enferma terriblemente. Cuando el doctor le da la noticia a mi bisabuelo que probablemente su hijo no sobreviva la noche, él va a la capilla del hospital para orar. Le dice: "Dios, si tú sanas a mi hijo, nunca más faltaré a tu casa los domingos, y te dedicaré la vida de ese niño".

Al día siguiente en vez de morirse, el niño mejoró. El doctor le dijo a la enfermera que para la inflamación de la garganta le dieran helado. Desde ese día, mi bisabuelo dice que durante los 74 años siguientes solo habrá faltado a la iglesia unos tres o cuatro domingos, por un tema de salud o clima extremo. Más adelante ese abuelo mío se convirtió en misionero, dedicó totalmente su vida a la obra de Dios, y siempre le quedó el gusto por el helado.

En cada vida y en cada familia Dios ha hecho milagros; no nos olvidemos de ellos. Recordemos y demos gracias por cada sanidad, por cada oración contestada y por cada familiar que viene a conocer al Señor.

> **En cada vida y en cada familia Dios ha hecho milagros; no nos olvidemos de ellos.**

TRADICIONES FAMILIARES

Los judíos son un ejemplo por excelencia de una familia que transmite sus tradiciones de fe de generación en generación. Por más siglos que han vivido fuera de su país de origen, siguen practicando sus tradiciones milenarias. Otros pueblos después de dos o tres generaciones se asimilan al nuevo país y desaparece su cultura, pero no los judíos. Tienen una subcultura, una identidad familiar fuertísima que permite pasar la posta de su fe a cada generación nueva. ¿De dónde viene una cultura familiar tan fuerte?

Cuando Dios le da a Moisés la ley, esa ley incluía muchos festivales, y cada festival estaba lleno de tradiciones. No eran tradiciones inútiles, eran tradiciones que enseñaban a las nuevas generaciones acerca de Dios. Cada detalle contenía un simbolismo que enseñaba a las personas con respecto a la salida de Egipto, el poder de Dios o la venida de un Mesías. Entonces era de primordial importancia que siguieran practicando las tradiciones.

Era en esos tiempos cuando las personas dejaban de pensar en lo que los dividía, como el estatus socioeconómico o las diferencias entre tribus, y pensaban en lo que los unía. Eso los hacía recordar que todos eran una familia.

Las tradiciones familiares nos ayudan a transmitir nuestra fe a la siguiente generación, y nos unen como equipo. ¿Qué tipo de tradiciones? Muchas familias tienen tradiciones de comida. Guárdenlas. Enseña a tus hijos a preparar la receta de la abuela. Mis padres me regalaron un recetario familiar cuando comencé a cocinar para mis hijos, que incluía todas las recetas de las abuelas.

En mi familia tenemos la tradición de comer cordero todos los domingos de Resurrección. Es un simbolismo que nos hace recordar que Jesús se entregó como un cordero por nosotros.

Otra tradición que tenemos es que los chicos aprenden la historia de la primera Navidad como está escrita en Lucas

2, y arman una pieza de teatro para todos los adultos, actuando como José, María, Jesús bebé, los ángeles y los pastores, creando así la escena de la natividad. Las tradiciones son tan ilimitadas como tu creatividad; siempre busca crear sentimientos positivos en todas las personas presentes.

Entonces Dios dijo: «Que aparezcan luces en el cielo para separar el día de la noche; que sean señales para que marquen las estaciones, los días y los años.

(Génesis 1:14)

En el original hebreo la palabra "estaciones" era "festivales". El primer motivo por el cual existen las estrellas es para marcar los festivales. Para Dios es prioridad marcar las tradiciones, porque las tradiciones son lo que nos une, nos da cultura y nos ayuda a pasar de generación en generación nuestra fe en Dios.

Las tradiciones nos unen, nos dan cultura, y nos ayudan a pasar de generación en generación nuestra fe en Dios.

Dios dejó al pueblo de Israel muchas tradiciones para facilitar el traslado de la identidad y de la cultura de una generación a otra. En la celebración de la pascua, una tradición es que el hijo menor pregunte a la persona mayor de la mesa, por qué celebran la pascua. La persona mayor responde contando la historia de Éxodo.

La cultura familiar y la identidad familiar fueron piezas claves para que mis hermanos y yo escogiéramos la vida cristiana. Cuando la iglesia a la cual asistíamos se cerró, nos demoramos un año en encontrar otra iglesia que nos hiciera sentir en casa y, mientras tanto, visitábamos iglesias o celebrábamos un servicio en casa. Seguimos orando, buscando de Dios y leyendo su Palabra. Si nuestra cultura cristiana hubiera consistido solamente en asistir a una iglesia el domingo, la cultura del mundo nos hubiera atraído y en esa época nos hubiéramos alejado de Dios.

Siempre existía una presión de conformarse al *status quo*, pero hace 20 años si cerrabas la puerta de tu casa, fácilmente te podías olvidar de la presión. Hoy entre la Internet, la televisión y las redes sociales, no nos podemos escapar de la voz de la cultura de afuera. Entonces, como padres, tenemos que ser sumamente intencionales en formar una cultura familiar tan fuerte que predomine en la vida de nuestra familia por encima de la cultura mundana.

DEJAR UN LEGADO

13

DEJAR UN LEGADO

Nunca me olvidaré de la última vez que vi a mi bisabuelo, Carl Strombeck. Había nacido mi segundo hijo Lion y lo llevé a Detroit, ciudad donde vivían mis bisabuelos, para que lo conocieran. Nos tomamos fotos de las cinco generaciones vivientes.

La última noche antes de partir y regresar a casa, tuvimos una cena familiar con todos los tíos y primos. Un primo de mi papá tenía su hijo menor de dos años, que gritaba y gritaba de tal forma que interrumpía la conversación de toda la mesa. El primo quiso llevar al niño al baño para corregirlo, pero su esposa no lo dejó. Ella llevó su asiento para comer a una esquina, y lo puso en *'time out'*, donde el niño comenzó a gritar aún más fuerte y a mover los brazos tratando de golpear todo lo que estaba a su alrededor. Ella lo dejó allí haciendo su berrinche, y su papá trataba de razonar sin éxito con el pequeño para que se callara.

Miré a mi hijo mayor, también de dos años en ese entonces, a mi costado, sentado, cenando tranquilo. Cuando luego me levanté para cambiar el pañal al bebé Lion, David vino conmigo para ayudarme pasándome las cosas. Todos nos miraron maravillados. Al final de la cena David conversaba con los mayores y jugaba cuidadosamente con los juguetes antiguos y frágiles que mi bisabuela le había sacado. Cuando comenzamos a despedirnos, mi bisabuelo de noventa y siete años me miró con lágrimas en los ojos y me dijo: "Gracias por criar a tus hijos así". Al final de su vida, le dio paz saber que algunos de sus descendientes iban en la dirección correcta.

Al final de toda nuestra vida lo que más nos va a interesar no van a ser las cosas que hicimos, sino las personas que criamos y el legado que les dejamos.

> *Cuando Samuel envejeció, nombró a sus hijos como jueces de Israel. Joel y Abías, sus hijos mayores, establecieron su corte en Beersheva. Pero ellos no eran como su padre, porque codiciaban el dinero; aceptaban sobornos y pervertían la justicia. Finalmente, todos los ancianos de Israel se reunieron en Rama para hablar del asunto con Samuel. «Mira, Samuel —le dijeron—, ya eres anciano y tus hijos no son como tú. Danos un rey para que nos juzgue así como lo tienen las demás naciones».* (1 Samuel 8:1-5)

Este pasaje delinea una de las grandes tragedias de la Biblia: cuando Israel rechaza a Dios como su rey. Aunque Samuel era el profeta y juez máximo de su país, no tomó el tiempo de criar y educar bien a sus hijos para tener un sucesor adecuado. Entonces, Israel rechaza a sus hijos corruptos como jueces, por ende rechazando a Dios como Rey, y demandan un rey humano. Fue una catástrofe, la única teocracia del mundo se acabó porque Samuel no supo reproducir su mismo carácter e integridad en sus hijos.

Ahora, para mí es inconcebible que de todas las personas que existen, sea Samuel quien dejara a sus hijos comportarse así sin corregirlos. ¿Acaso él pudo olvidar la primera palabra profética que Dios le dio contra Elí justamente por no disciplinar a sus hijos? ¿Acaso olvidó la muerte repentina de Elí y sus dos hijos cuando este rehusó escuchar la advertencia de disciplinarlos o morir? Parece que sí, y su linaje quedó allí. Nunca más escuchamos de alguien que fuera descendiente de Samuel, el último gran juez de Israel.

Ahora quisiera conversar contigo sobre dejar un legado. Mi esposo y yo vivimos de acuerdo con una idea, y es la siguiente: es mejor que nosotros alcancemos menos metas en esta vida, e invirtamos más tiempo formando a los hijos. Hemos visto muchos casos como Samuel; personas que alcanzan muchísimo renombre y conquistan grandes metas en esta vida, pero al final no tienen a nadie bien formado para recibir sus logros cuando ellas ya no están.

La persona que es joven y toma el tiempo de tener y criar bien a sus hijos, es una persona con una gran visión al futuro. No hay mejor inversión de tiempo, aun del punto de vista económico o eclesiástico, que educar bien a tus hijos. ¿De qué te vale levantar la empresa más exitosa o la iglesia más grande si todo va a caer en el momento en que te jubilas?

Uno de los grandes propósitos de nuestra vida es dejar un legado a seguir para nuestros descendientes. Para terminar este libro, veamos qué es un legado y cómo dejar uno.

GUÍA 15: CÓMO DEJAR UN LEGADO PARA LAS PRÓXIMAS GENERACIONES

"La gente buena deja una herencia a sus nietos."

(Proverbios 13:22a)

Si esta fuera la única medida de bondad que existiera, ¿podríamos decir que somos buenos? Ojo, no lo es, pero quería que lo imaginaras por un momento, porque muchas veces juzgamos si somos buenos o no, de acuerdo con alguna medida diferente. Pero una vez más quiero retarte a que te midas, no por las normas de la sociedad en que te encuentras, sino por la Palabra de Dios.

De acuerdo con la Biblia, las personas buenas no solo dejan una herencia a sus hijos, sino dejan un legado a su descendencia.

¿Cómo podemos dejar una herencia a nuestros hijos y un legado a nuestros nietos, bisnietos y más allá?

DÉJALES UN BUEN NOMBRE EN LA COMUNIDAD

De más estima es el buen nombre que las muchas riquezas,
Y la buena fama más que la plata y el oro.
(Proverbios 22:1 RVR 60)

Todos dejamos una fama o un nombre en nuestra comunidad, sea bueno o malo. Desde el panadero de la esquina hasta la dueña de la casa que alquiles, todas las personas que te conocen tienen una idea sobre tu carácter de acuerdo a la forma en que has interactuado con ellos. Si has sido honorable a la hora de pagar el alquiler de tu casa, si has hecho negocios buenos, si te has llevado bien con muchas personas, dejas puertas abiertas a tus hijos. Si has hecho favores a otros, podría ser que ellos lo pagarán a tus hijos.

Mi esposo, Sergio, tuvo un problema de espalda. Cuando estuvo de viaje fue a atenderse porque escuchó que tenía un tío médico especializado en columnas vertebrales. Fue y se atendió por algunos días, se hizo diferentes exámenes y al final, cuando preguntó cuánto era lo que debía, le dijeron: "Nada". Sergio, sorprendido, preguntó: "¿Por qué?". El doctor contestó que el abuelo de Sergio, el tío del doctor, había pagado sus estudios. Él siempre quiso devolverle de alguna forma el favor y sintió que ayudar al nieto era lo mínimo que podía hacer. Su abuelo le dejó un buen nombre y favores pagados por adelantado.

En las ciudades donde nuestra familia ha vivido, mi apellido de soltera, Strombeck, siempre ha sido de peso. Las personas en todas las esferas lo tienen en alta estima. Mi abuelo, Rick Strombeck, me cuenta que cuando era joven, eran tan conocidos la integridad y los principios altos de la familia, que en la iglesia a la que asistían, antes de una salida los padres de otros jóvenes preguntaban si iban a asistir los jóvenes Strombeck. Si iban ellos, entonces sus hijos también podían asistir al paseo; si no, no.

Algo similar nos pasó en el colegio. Mis hermanos y yo, todos íbamos al mismo colegio. Con los años, ganamos una reputación como familia de siempre ser honestos, íntegros y trabajadores. Siempre entregábamos los trabajos antes del tiempo indicado y con excelencia, pero si por A o B no podíamos entregar una tarea, le contábamos la verdad a la profesora. Nunca inventamos excusas. Esa reputación le sirvió muchísimo a mi hermana mayor en una oportunidad que un profesor de secundaria le mintió al director del colegio sobre una nota de mi hermana.

El profesor un día se molestó, y dio un examen sorpresa sobre temas que jamás habló en clase y ni salían en el libro. Él dijo que sí los había enseñado, mi hermana dijo que nunca los enseñó y que ni siquiera salían en su libro. Por la buena trayectoria de nuestra familia, y la mala trayectoria del profesor (otros estudiantes también había dicho que mentía), el director le creyó a mi hermana y despidió al profesor.

Haz siempre tus negocios con honradez. Cumple con los plazos trazados en los contratos, honra tu palabra aun cuando vayas a pérdida. Esa reputación no solo va a servir para que tus clientes te recomienden siempre a otros clientes, sino va a servir de plataforma a tus hijos. A la hora que postulen a una universidad o trabajo, o busquen novio, una buena reputación puede ser ese extra que les ayude a conseguir sus metas.

> Un buen nombre puede conseguir cosas que ninguna cantidad de dinero puede.

DEJA UN BUEN EJEMPLO

Josías hizo lo que agrada al Señor, pues en todo siguió el buen ejemplo de su antepasado David; no se desvió de él en el más mínimo detalle. (2 Reyes 22:2 NVI)

Cuando tú dejas un buen ejemplo, dejas un estándar de vida, y les enseñas el camino a tus hijos. Cuando eres cristiano y dejas un buen ejemplo, dejas en alto el nombre de Dios y dejas un buen testimonio. Cuando las personas viven bien, sus vidas serán recordadas y mencionadas por muchas generaciones, y sirven de inspiración a las generaciones venideras.

> **Cuando tú dejas un buen ejemplo, dejas un estándar de vida, y les enseñas el camino a tus hijos.**

Aquí vemos en el pasaje que aunque David se había muerto hace mucho tiempo, su buen ejemplo siguió inspirando a sus generaciones. Cuando dejas un buen ejemplo, dejas marcado el camino a seguir.

La abuela de mi bisabuelo, Mary Strombeck, fue una mujer extraordinaria. Era pastora. Junto con su esposo Milo plantaron tres iglesias y ella tenía un don especial de sanidad. Cuando oraba por los enfermos, siempre se sanaban. Las personas comenzaron a correr la voz en los alrededores para ir a verla. Fue tanto así, que se hizo costumbre en esa región, que en vez de llamar al doctor, llamen a la Pastora Mary para que vaya a orar por los enfermos. Mi bisabuelo me cuenta que él muchas veces de niño y de joven la acompañaba, y no se acuerda de ni una sola vez que un enfermo no se sanara. Esa historia siempre me inspira a orar por los enfermos, y me enseña el buen camino.

> **El ejemplo que tenemos que dar es confrontar lo incorrecto en amor, discrepar con respeto y escuchar a los demás con humildad.**

El buen ejemplo en el matrimonio deja un arquetipo en las mentes de los hijos, que va a bendecir sus futuros matrimonios. Uno de los ejemplos que mejor les va a servir a tus hijos para tener éxito en sus futuras familias es enseñarles a resolver de forma saludable los conflictos en las relaciones. La forma natural de reaccionar frente a una confrontación es explotar por fuera o resentirse por dentro. El ejemplo que tenemos que dar es confrontar lo incorrecto en amor, discrepar con respeto y escuchar a los demás con humildad. Esto demanda el más alto nivel posible de dominio propio, pero si lo logras al menos en la mayoría de tus conflictos, es un regalo que no tiene precio para tus hijos.

HERENCIA INTELECTUAL

Hijo mío, no te olvides de mi enseñanza, y tu corazón guarde mis mandamientos, porque largura de días y años de vida y paz te añadirán.

(Proverbios 3:1-2 LBLA)

Cada padre y madre han aprendido muchas lecciones de vida a través de su experiencia. Comparte esas lecciones con tus hijos para que ellos no tengan que vivir lo mismo para aprenderlo, sino que puedan comenzar su vida con esas lecciones ya aprendidas.

Mi abuela materna fue enfermera. Ella siempre explicaba las medicinas, enfermedades y anatomía a mi mamá, de tal modo que aunque mi mamá no estudió enfermería formalmente, es como si la hubiera estudiado. Te puede nombrar todos los huesos y músculos en inglés y en latín. Sabe leer síntomas, cuidar y tratar muchas enfermedades porque su madre le pasó esa información.

Mi abuela paterna es maestra por profesión, pero misionera y predicadora por vocación. Cuando le dije que me iba a Perú para ser pastora, se tomó el tiempo de sentarse conmigo y explicarme bien los puntos finos de teología y doctrina bíblica. Me explicó cómo armar una charla y cómo escoger versículos. Me dijo que nunca debería basar una idea o una charla sobre un solo verso bíblico, sino en un mínimo de dos; que igual como en el Antiguo Testamento debían tener dos testigos para un juicio, mi punto tenía que tener un verso de fundamento y otro de testigo para sustentarlo.

> **Tiene que haber disposición de parte de la generación mayor para tomar el tiempo de enseñar, y tiene que haber humildad y respeto de parte de la generación menor para escuchar y valorar lo recibido.**

Hay mucha riqueza intelectual que se pierde cuando no hay una buena comunicación entre generaciones. Para que exista una buena comunicación tiene que haber disposición de parte de la generación mayor para tomar el tiempo de enseñar, y tiene que haber humildad y respeto de parte de la generación menor para escuchar y valorar lo recibido.

Muchas familias, por más inteligentes que sean, si los padres no pasan nada de información a sus hijos, estos tienen que comenzar desde cero. Son huérfanos intelectuales. Tienen la capacidad de leer y aprender todo, pero les va a costar mucho más que el hijo que ya viene absorbiendo información de forma natural.

Hace poco un amigo me contó que sus padres nunca le enseñaron nada, si siquiera cómo deletrear su propio nombre. Recién cuando cumplió mayoría de edad y quiso sacar su tarjeta de identidad, se da cuenta que en su partida de nacimiento su nombre estaba deletreado de forma diferente a como lo escribió toda su vida.

Enseña a tus hijos y nietos todo lo que sabes hacer bien, o lo que has estudiado. Tuve una bisabuela que me enseñó a coser y a tejer. Mi madre me enseñó a cocinar, limpiar, planchar, barrer y la jardinería. Inclusive me confió herramientas filudas para podar ramas o cortar árboles. Mi papá, que es contador, me enseñó las reglas básicas para pagar los impuestos, cómo funciona la Bolsa de Valores y los propósitos de los diferentes tipos de cuentas bancarias. Salí joven de mi casa, pero con mucha información acumulada gracias a mis padres, abuelos y bisabuelos. Esa información me dio la confianza para enfrentar sin temor un sinnúmero de situaciones.

Cuando los niños son pequeños, hacen muchas preguntas. Cada oración de mis hijos comienza con un ¿por qué? o un ¿cómo?, y lo más fácil es ignorarlos. Pero ten paciencia y trata de responder cada pregunta que tienen con la verdad para que tu hijo vaya aprendiendo de tu sabiduría.

Si sabes tocar un instrumento, enséñaselo. Si sabes pintar cuadros o cocinar un buen plato o administrar empresas, traspasa esa experiencia para que tu conocimiento no se pierda. Así tu hijo comienza su vida sabiendo lo que tú sabes más todo lo que puede aprender estudiando o leyendo. Así garantizas que sepa más que tú.

DEJAR UNA HERENCIA MONETARIA

Hay personas en el mundo que creen que dejarles a sus hijos dinero, casas o empresas los malograría. Dos de los hombres más ricos del planeta como Bill Gates y Warren Buffet tienen cantidades medidas de su gran riqueza separada para sus hijos, pero el grueso del dinero lo van a donar porque creen que sus hijos no sabrían administrar bien el dinero. ¡Qué interesante que ellos mismos creen que no han criado sus hijos de tal manera para confiarles sus bienes!

Yo soy de la idea de preparar a tus hijos de tal forma que sean buenos mayordomos e inversionistas de lo recibido.

Cuando al hijo se prepara correctamente, puede llevar al siguiente nivel la empresa, el ministerio, o el dinero recibido en herencia. Mi meta es criar hijos como los siervos fieles en la parábola de los talentos, personas que sean diligentes en invertir, cuidar y gerenciar lo recibido. De esta forma, la riqueza, aunque comience pequeña, va en aumento con cada generación.

> *Como no me has dado ningún hijo, mi herencia la recibirá uno de mis criados. ¡No! Ese hombre no ha de ser tu heredero —le contestó el Señor—. Tu heredero será tu propio hijo.* (Génesis 15:3-4 NVI)

El plan de Dios para nuestras vidas es que las riquezas pasen de generación en generación, y que en vez de menguar con los años, aumenten por la buena mayordomía de nuestros descendientes. Aunque suena sencilla la idea, es difícil de ejecutar porque tenemos un enemigo al que no le conviene que las buenas familias cristianas seamos prósperas. Él sabe que si los cristianos fueran prósperos, compartiríamos con los necesitados en el nombre de Jesús, ayudaríamos a jóvenes cristianos a estudiar, ayudaríamos a que entren al gobierno personas de integridad, mandaríamos misioneros hasta los confines de la tierra y construiríamos iglesias excelentes. Seríamos un enemigo más peligroso aun de lo que ya somos.

Creo que por eso plantó la idea de que para ser un buen cristiano, hay que ser pobre. Ahora, la Escritura dice que amar el dinero o tener el dinero como un ídolo por encima de Dios es pecado. Por otra parte, eso no nos da carta libre para ser malos mayordomos de la provisión que Dios nos da, despilfarrando lo que ganamos o recibimos en herencias. Dar y ahorrar es parte de ser un cristiano diligente. Encuentro en la Escritura muchas promesas de prosperidad para aquel que es honrado, aquel que confía en Dios, aquel que es generoso con los pobres y aquel que es fiel mayordomo con lo que tiene.

> *La casa de los malvados será destruida; la de los hombres honrados prosperará.* (Proverbios 14:11 DHH)

> *La avaricia provoca pleitos; confiar en el Señor resulta en prosperidad.* (Proverbios 28:25)

> *El generoso prosperará, y él que reanime a otros será reanimado.* (Proverbios 11:25)

Después de leer estos versos y otros similares, podemos darnos cuenta que la prosperidad puede ser una consecuencia de una vida recta, la generosidad y el buen manejo de finanzas existentes. Si logras dejar una herencia monetaria a tus hijos, cualquiera que fuera su tamaño, es un poderoso mensaje anti egoísta. Tú hubieras podido comprar muchas cosas con esa plata, pero guardarlo para darles más oportunidades a tus hijos es un acto noble y digno de imitar.

Ahora, igual que la riqueza pasa de generación en generación, la pobreza también puede pasar de generación en generación a través de deudas, malos hábitos o simplemente mentalidades de pobreza. Por ejemplo, como padre de familia, tus planes de jubilación no deberían incluir vivir de los ingresos de tus hijos.

Deberías ahorrar y planificar de tal forma que no tan solo proveas para ti mismo, sino como dice Proverbios 22:1, dejes alguna provisión para tus descendientes. De lo contrario, estás planificando restarles a tus hijos y nietos provisión y calidad de vida. Por ejemplo, tus hijos, en vez de pagar la universidad o alguna actividad extracurricular de sus hijos, tendrán que pagar tus deudas, medicinas o viáticos. Así que si aún no has comenzado a ahorrar, comienza HOY. Sé que tener ropa de marca o un celular del año se siente gratificante, pero si tienes que escoger entre eso o ahorrar, enfócate en lo gratificante que será para ti entregar a tus hijos una herencia algún día.

Habrá algunos que dicen que la herencia monetaria no es importante, pero para el que lo recibe con gratitud es más que dinero. Es saber que tus padres te aman a ti más que a ellos mismos porque se negaron comodidades para dártelas a ti. En este mundo tan egocéntrico, hacer un sacrificio en lo material para dárselo a otro es admirable.

Mi abuelo materno fue criador de vacas lecheras. Recibió una pequeña finca lechera de su padre, pero con su esfuerzo la logró expandir en cientos de acres y cientos de vacas lecheras. Nunca se compraba lujos, usaba la misma ropa por años y usaba las toallas hasta que se deshilaban. Con eso logró pagar los estudios a sus tres hijos, los ayudó a pagar sus casas, y quedó para dar una semilla a cada uno de sus nietos. Saber que él renunció a muchas cosas para darme esa semilla, me hace valorarlo mucho. Es un hombre de pocas palabras, pero su vida de ahorro habla volúmenes de su carácter. Padres como él, que lucharon contra la pobreza hasta vencerla, hacen que sus hijos y nietos comiencen su vida desde la victoria.

Luchemos contra la pobreza para que nuestros hijos no lo tengan que hacer. Aunque nos cueste, luchemos para que nuestros hijos comiencen desde un mejor lugar que nosotros.

> **Luchemos para que nuestros hijos comiencen desde un mejor lugar que nosotros.**

HERENCIA ESPIRITUAL

David fue un hombre ejemplar en dejar herencia a sus hijos, nietos y descendientes. A sus hijos les dejó un buen nombre en su ciudad, su país y en el mundo conocido. Le dejó a Salomón un Israel mucho más grande de aquel que recibió. David además luchó y venció a todos los enemigos alrededor, y los puso a pagar tributo a Israel, haciendo ricos a sus herederos. Él dejó a su heredero una gran suma de dinero para la construcción del templo. Hizo un pacto con Dios para honrar a sus generaciones, siempre y cuando siguieran a Dios. David dejó un camino trazado en sus hechos y a través de los Salmos, de cómo tener una relación íntima con Dios. Ese ejemplo sirvió de inspiración para guiar a sus descendientes hacia Dios cientos de años después.

Algo que he visto una y otra vez en las familias es que cuando alguien tiene una relación con Dios que es viva, genuina, íntima, los hijos y los nietos son sobrenaturalmente bendecidos y favorecidos porque Dios guarda su pacto con una generación anterior.

La herencia más grande e importante que puedes dejar a tus hijos y generaciones es una relación cercana con Dios, porque tener la bendición de Dios sobre tu casa es una bendición integral. Es Dios bendiciendo su salud, es Dios dándoles larga vida, es Dios concediéndoles sabiduría y es Dios prosperándolos.

Si cada generación sigue en los caminos del Señor, vas a ver cómo la bendición de Dios se va multiplicando y creciendo con cada generación. En mi familia se ve clarísimo. Cada generación vive unos años más que la anterior, es más saludable que la anterior, es más próspera que la anterior, es más bendecida que la anterior. Nuestras vidas testifican que Dios y sus promesas son reales. Estamos literalmente parados encima de los hombros de la generación anterior.

Dios nos ha llamado a TODOS a dejar un legado a nuestros descendientes, un legado de un buen nombre, un buen ejemplo, una herencia intelectual, una herencia financiera y una herencia espiritual. Y aunque es nuestro deber hacerlo, es también la más grande bendición para nosotros ver a nuestros hijos y a nuestra descendencia ser tan bendecidos.

No tengo yo mayor gozo que este, el oír que mis hijos andan en la verdad. (3 Juan 1:4 RVR 60)

ACERCA DE LA AUTORA

Carla Strombeck Hornung proviene de una familia de trece generaciones de cristianos, con una larga e impresionante historia de firmes creyentes que han servido al Señor como pastores, misioneros y en otros llamados.

Cada generación educó a sus hijos, de manera consistente, para profesar la fe cristiana como un estilo de vida, recibiendo bendiciones de Dios que se han multiplicado de manera individual y familiar, generación tras generación.

Carla Hornung nació y creció en los Estados Unidos, pero siendo muy joven, Dios movió su corazón a servirle en Perú. Hoy, y su esposo, Sergio Hornung, son los pastores principales de la mega iglesia Comunidad Cristiana Agua Viva en Lima, Perú, que reúne a 42,000 miembros, tiene siete sedes y una Escuela de Liderazgo. La pareja tiene cuatro hijos.